Lieber Malfreund! Liebe Malfreundin!

Abmalen und Abzeichnen macht Spaß! Aber beim freihändigen Abmalen entsteht oft nicht das tolle Bild, das es hätte sein können, hättest du mit den Tricks aus diesem Buch gearbeitet. Oft sieht das Gemalte der eigentlichen Vorlage nur wenig ähnlich. Wenn du also gern mehr Ähnlichkeit erreichen willst, wird dir dieses Buch dabei helfen.

Ein weit verbreiteter Irrtum ist es, das gute Künstler einfach so gut malen können, weil sie besonders begabt sind. Die Begabung ist sicherlich eine gute Voraussetzung, aber sie spielt nur eine kleine Rolle. Die Neigung, sich mit dem Malen zu beschäftigen und die Freude am Malen reichen völlig aus. Denn: Gutes Malen ist erlernbar. Für jeden. Auch für dich.

Frühere Künstler haben zahlreiche Methoden entwickelt, mit denen sie sicher und schnell zu besten Ergebnissen kommen konnten. Es gibt also ein paar Tricks, die dir helfen, die Sache mit der Ähnlichkeit in den Griff zu bekommen. Und diese Tricks sind keine Mogelei. Sie sind anerkannte Techniken der Gestaltung.

Also werden wir deine künstlerischen Fähigkeiten entwickeln und verbessern. Es ist vielleicht zu Anfang etwas unbequem, methodisch an das Malen heranzugehen, aber die Ergebnisse werden dir sicher sehr gut gefallen.

Eigne dir mit Hilfe unseres Buches das Wissen und die Techniken an, die dich zu einem exzellenten Zeichner und Maler machen. Folge den Anweisungen Schritt für Schritt und wiederhole die Übungen, wenn du noch nicht zufrieden bist. Du wirst überrascht sein, zu welchen tollen Ergebnissen du gelangst. Und auch deine Familie und deine Freunde werden staunen.

Du weißt ja: Übung macht den Meister. Fahrradfahren musstest du auch erst lernen und heute fährst du Rad, ohne darüber nachzudenken.

Und auf die hier erlernten Techniken wirst du ebenso immer zurückgreifen können. Ohne nachzudenken. Ob Malen mit Ölfarben, Acrylfarben oder Pastell, Airbrush, Comiczeichnen oder Modedesign. Du wirst diese Tricks beherrschen, ganz selbstverständlich, wie das Radfahren.

Nun wünschen wir dir viel Spaß beim Ausprobieren und Nachmalen.

Malte Dose und Michael Koch

Impressum:
© 2006 Bücherzauber Verlag GmbH, 41540 Dormagen
ISBN 10: 3-86545-159-4 • ISBN 13: 978-3-86545-159-0 • Best.-Nr.: 45159
Fotos: Malte Dose/Michael Koch
Grafiken: Michael Koch
Layout/Satz/Bildbearbeitung: Andrea Splietker/Michael Koch
Druck: Merkur, Detmold • www.merkur-druck-online.de

Das Gesamtwerk sowie die darin abgebildeten Motive sind urheberrechtlich geschützt. Jede gewerbliche Nutzung oder Vervielfältigung der abgebildeten Entwürfe – auch auszugsweise – ist nur mit schriftlicher Genehmigung des Herausgebers gestattet. Das Gleiche gilt auch für die Verbreitung, Vervielfältigung oder sonstige Verarbeitung mit elektronischen Systemen.

Alle Materialangaben und Arbeitsweisen für die abgebildeten Motive wurden sorgfältig geprüft. Eine Garantie oder gar Haftung für eventuell auftretende Schäden können seitens der Autoren oder des Verlages nicht übernommen werden.

1. Auflage 2006

 # Inhalt

Material

- Papier 4
- Blei-, Kohle und Buntstift 5-8
- Wasserfarben 9

Mal– und Zeichentechniken

- Umriss und Kontur 10-11
- Abstraktionsverfahren 12-14
- Peilverfahren 14-15
- Rasterverfahren 16-17
- Pausverfahren 18-19

Theorie

- Licht und Schatten 20-21
- Graustufen und Grauwerte 22
- Perspektive 23-27

Praktisches Malen und Zeichnen

- Der Saurier 28-31
- Der Delfin 32-35
- Das Pferd 36-48
- Der Hund 49-55
- Die Katze 56-60

Material

Papier

Malen und zeichnen kann zeitlich recht aufwendig sein. So sind die entstandenen Bilder, in Anbetracht der Mühe, etwas Wertvolles. Deshalb macht es wenig Sinn, auf dem einfachsten und billigsten Papier zu arbeiten. Dünnes Papier knüllt und knittert sehr leicht und gemalte sowie gezeichnete Bilder werden schnell beschädigt. Ein dickes, festes Papier ist robuster.

Auf gutem Papier kannst du auch mal etwas radieren, ohne dass dies gleich zu sehen ist. Beachte: Papierqualität wird in Gramm pro qm angegeben. Je höher die Grammzahl desto besser und dicker ist das Papier. Unter 120 gr. qm ist nur gut für Skizzen und Entwürfe. Du kannst auch farbiges Papier nehmen. Ein farbiges Papier kann die Gestaltung des Hintergrunds erleichtern.

Kohle-, Blei- & Buntstift

Zeichenkohle

Dieses vielleicht älteste Zeichenwerkzeug ist ein verkohltes Holzstöckchen. Es malt kohlrabenschwarz und lässt sich leicht verreiben. Es findet heute noch Verwendung zum Gestalten von Entwürfen. Eine hiermit erstellte Zeichnung sollte unbedingt mit einem Fixierspray behandelt werden. Unbehandelte Bilder verwischen leicht.

Kohle und Minienstift

Radierstift

Grafitblock

Estompe (Papierwischer)

Bleistift + Graphit

Der moderne Bleistift trägt diesen Namen ganz zu Unrecht. Denn es ist kein Blei in diesem Stift enthalten, sondern Graphit. Dieses Graphit zeichnet silbrigschwarz. Bleistifte gibt es in unterschiedlichen Härtegraden. Sie werden wie folgt unterschieden:

Schmirgelbrettchen

Kohle und Kohlenminenstift

Kohle-, Blei- & Buntstift

B steht für das englische Wort black, was ins Deutsche übersetzt schwarz bedeutet.

Diese weiche Mine malt leicht und sehr dunkel.

Es existieren 8 verschiedene Stufen dieser dunklen, weichen Bleistifte.

8B steht für den dunkelsten, weichsten Bleistift.

B ist der hellste der weichen Stifte.

HB und **F** liegen genau in der Mitte dieser Einteilungen, und sind die Durchschnittsbleistifte.

H ist das Kürzel für englisch hard, zu deutsch hart.

Eine solche feste Mine malt eher hell.

Auch diese Stifte sind in unterschiedlichen Stärken erhältlich.

H ist der weichste und dunkelste der harten Stifte.

9H der hellste und härteste.

 # Kohle-, Blei- & Buntstift

Buntstifte, Farbminenstifte, Pastell- und Ölpastellkreiden

Mit diesen farbigen Stiften kannst du einen flächigen Farbauftrag zeichnen.

Die Leuchtkraft der Farben erhöht sich, wenn du mit den Stiften eine Schraffur anlegst.

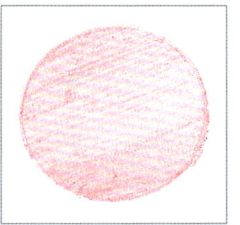

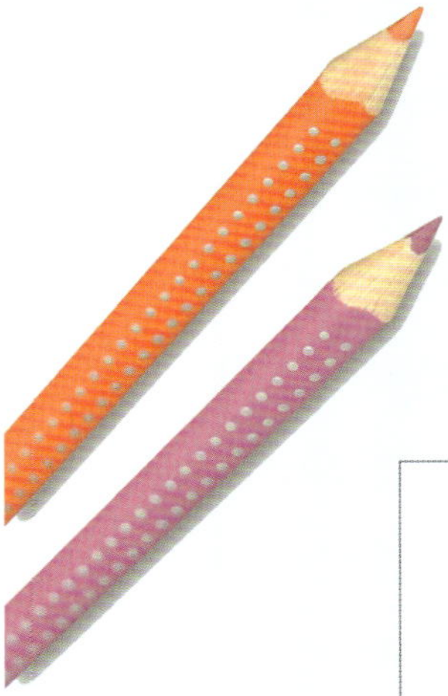

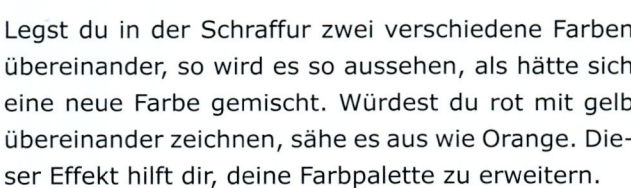

Legst du in der Schraffur zwei verschiedene Farben übereinander, so wird es so aussehen, als hätte sich eine neue Farbe gemischt. Würdest du rot mit gelb übereinander zeichnen, sähe es aus wie Orange. Dieser Effekt hilft dir, deine Farbpalette zu erweitern.

 Kohle-, Blei- & Buntstift

Kohle, Bleistift und Buntstift

Mit diesen Stiften kannst du Flächen auf verschiedene Weise ausmalen.

vollflächig	
Umriss	
gestreift (Parallelschraffur)	
gekreuzt (Kreuzschraffur)	
gepunktet	
gekritzelt	
gewischt (Finger / Estompe)	

 # Wasserfarben

Mit Wasser vermalbare Farben

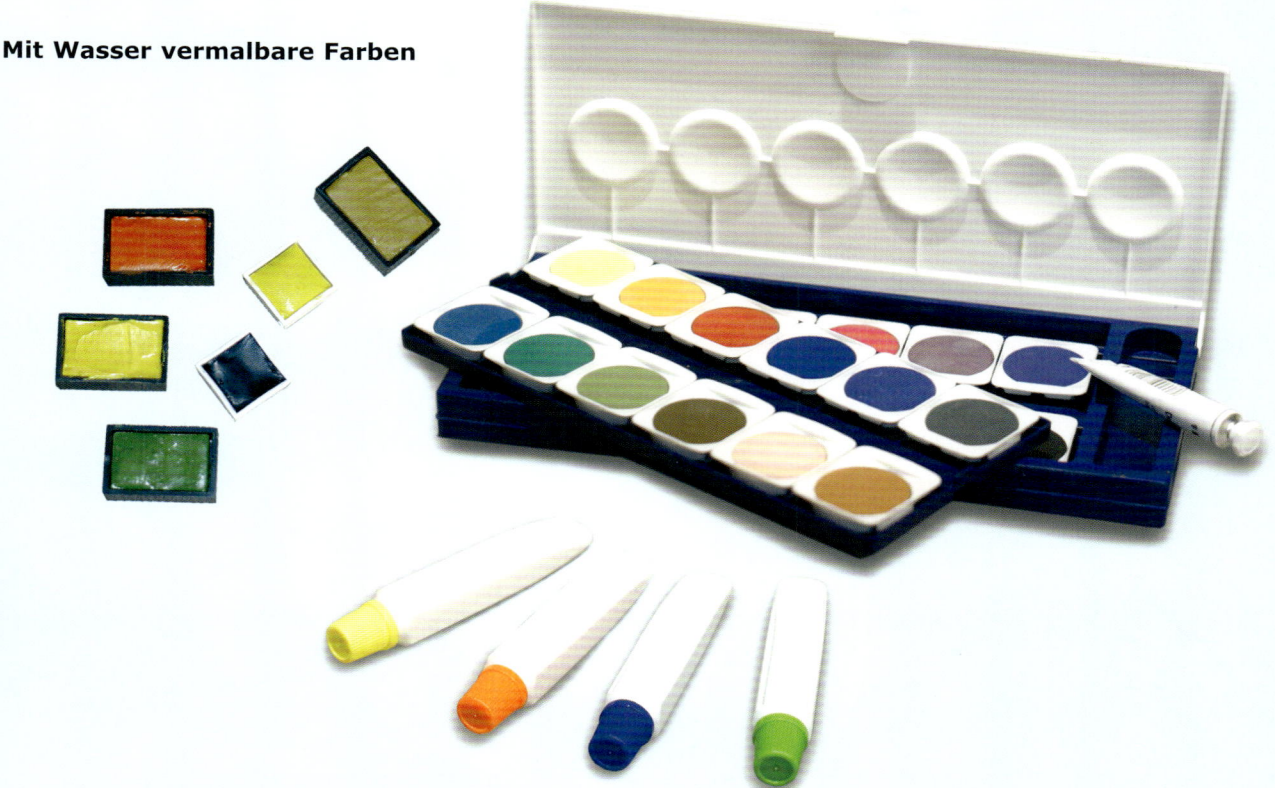

Diese Farben (kurz: Wasserfarben) werden mit Wasser gelöst und mit Hilfe von Pinseln vermalt. Man unterscheidet Wasserfarben danach, ob sie nach dem Trocknen wasserfest sind oder sich mit Wasser wieder anlösen lassen.

Acrylfarben sind, nachdem sie getrocknet sind, wasserfest. Alles was du mit Acrylfarben bemalst, bekommt einen dauerhaften Anstrich. Dennoch zählen Acrylfarben zu den Wasserfarben.

Ein weiteres Unterscheidungsmerkmal ist, ob sich eine Wasserfarbe deckend oder transparent vermalen lässt. Eine Farbe, die ein besonders feines Farbpulver (Pigment) enthält, lässt sich auch transparent vermalen. Um ein feines Farbpulver zu erzeugen, muss der Rohstoff länger gemahlen werden. Man kann das etwa mit dem Unterschied zwischen Puderzucker und normalem Zucker vergleichen. Gute Acryl- und Aquarellfarben lassen sich also transparent vermalen.

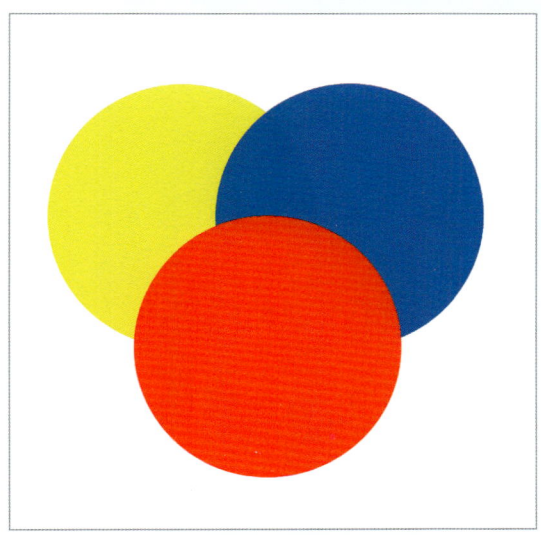

Deckfarben/Acrylfarben

Transparente Aquarell-/Acrylfarben

Umriss & Kontur

Der Umriss und die Kontur

Der Umriss. Er stellt die Außenlinien eines Gegenstands dar. Die Konturenlinien zeigen die Oberfläche und Details innerhalb der Umrisse.

Bei einem Comic sind die Figuren mit schwarzen Linien umrandet, dem Umriss. Diese Begrenzungslinien stellen die Form der Dinge da. Wenn du diese zeichnen möchtest, solltest du erst die Form und dann die richtige Größe erkennen und erfassen. Natürlich ist das leichter gesagt (oder geschrieben), als getan. Die alten Meister der Kunst haben sich für diese Probleme einige einfache Lösungen ausgedacht.

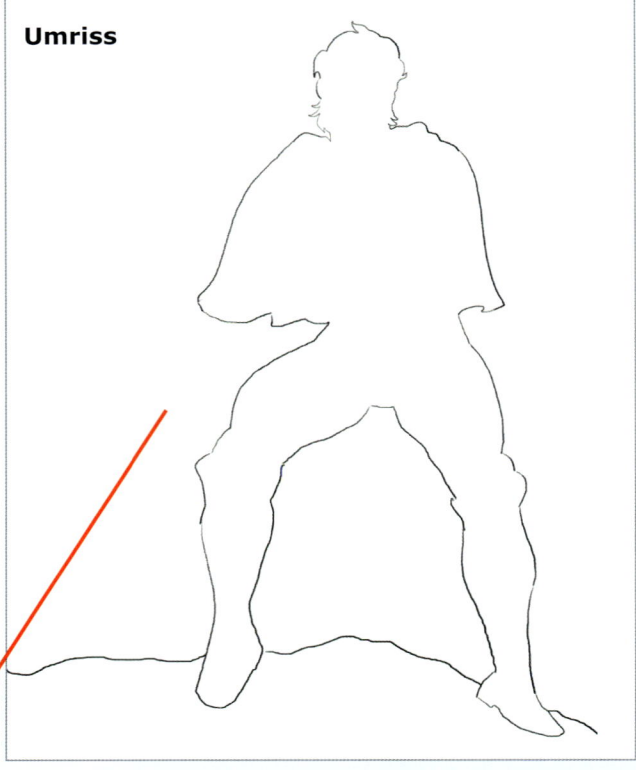

Umriss

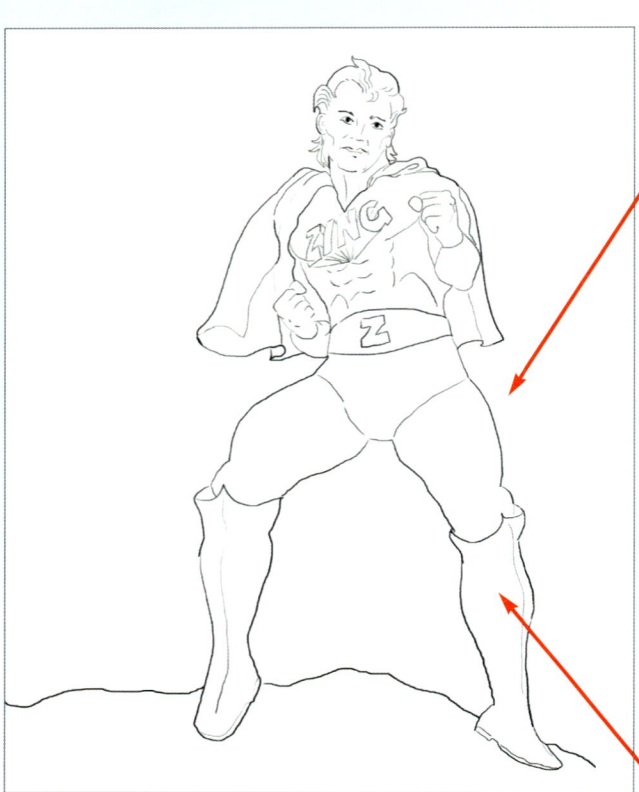

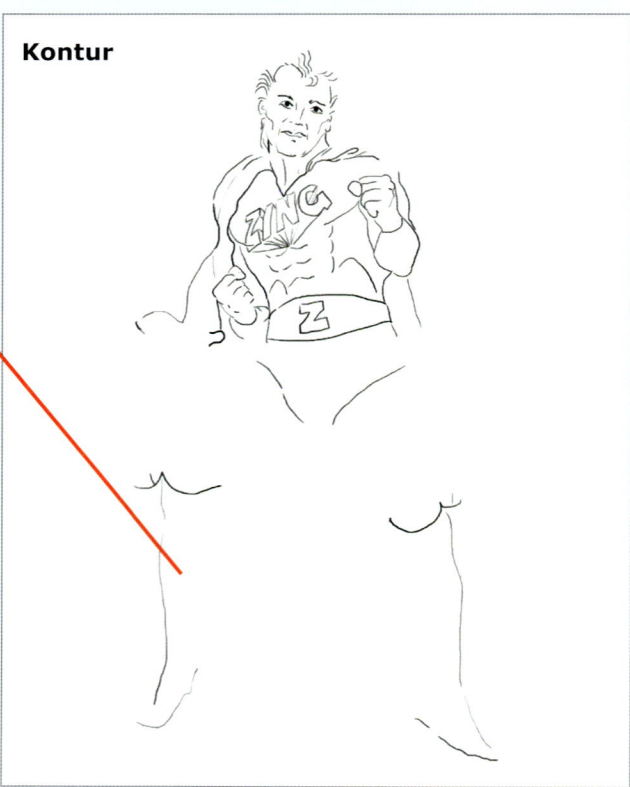

Kontur

Diese Tricks wollen wir in den weiteren Kapiteln erklären, dann wirst auch du zu guten Ergebnissen kommen.

Umriss & Kontur

Weiche Umrisse

Wenn du vorhast, ein Bild ohne klare Umrisse zu malen, dann nimm einen 2H Bleistift mit dem du ohne Druck zeichnest. Fasse ihn ganz leicht an und zeichne ohne Kraft mit weichem Handgelenk. Diese feinen Linien werden sogar durch transparente Farben überdeckt. Noch raffinierter ist es, die Konturen gleich in der Farbe anzulegen, die sie dann im fertigen Bild auch haben sollen. Benutze hierfür Buntstifte oder Aquarellstifte.
Dein Vorteil: die Objekträder sind gleich farblich gestaltet und die Konturenlinien verstecken sich im Bild.

Unsichtbare Umrisse

Besonders bei genauen (realistischen) Bildern ist es so, dass, bedingt durch die Lichtbrechung, auch helle Umrisse dargestellt werden. An diesen Stellen ist schon ein Strich mit dem 2H Bleistift zu viel des Guten. Diese Stellen solltest du vorsichtig nur mit einigen kleinen Bleistift-Punkten aufbringen. Diese kaum sichtbaren Punkte kannst du später leicht weg radieren.

Scharfe Umrisse

Mit einem Bleistift HB wird vorgezeichnet. Leichte Korrekturen sind so immer möglich.

Abstraktionsverfahren

Abstraktionsverfahren

Um die Form der Umrisse und der Kontur richtig wiedergeben zu können, wird das Abstraktionsverfahren angewandt. Dieses Wort bedeutet Vereinfachung und klingt schwieriger als es ist. Auf den nächsten Seiten werden wir diese Methode ausführlich erläutern.

Versuche doch einmal alle Worte die du kennst gleichzeitig zu sprechen. Das würde ein ziemlich unverständliches Kauderwelsch sein. Genauso schwierig ist es, alles was man sieht, auf einmal zu malen.

Du kannst immer nur einen Teil dessen was du siehst, zeitgleich darstellen. Damit du das gewählte Objekt zeichnen kannst, betrachte es zunächst genau.

Für das Abstraktionsverfahren überlegst du dir, welche ungefähre Form das Motiv hat, das du zeichnen möchtest. Ist das Motiv z.B. eher rund als eckig zeichne zunächst einen Kreis und dann die Form dessen, was du zeichnen möchtest in den Kreis hinein.

Grundformen

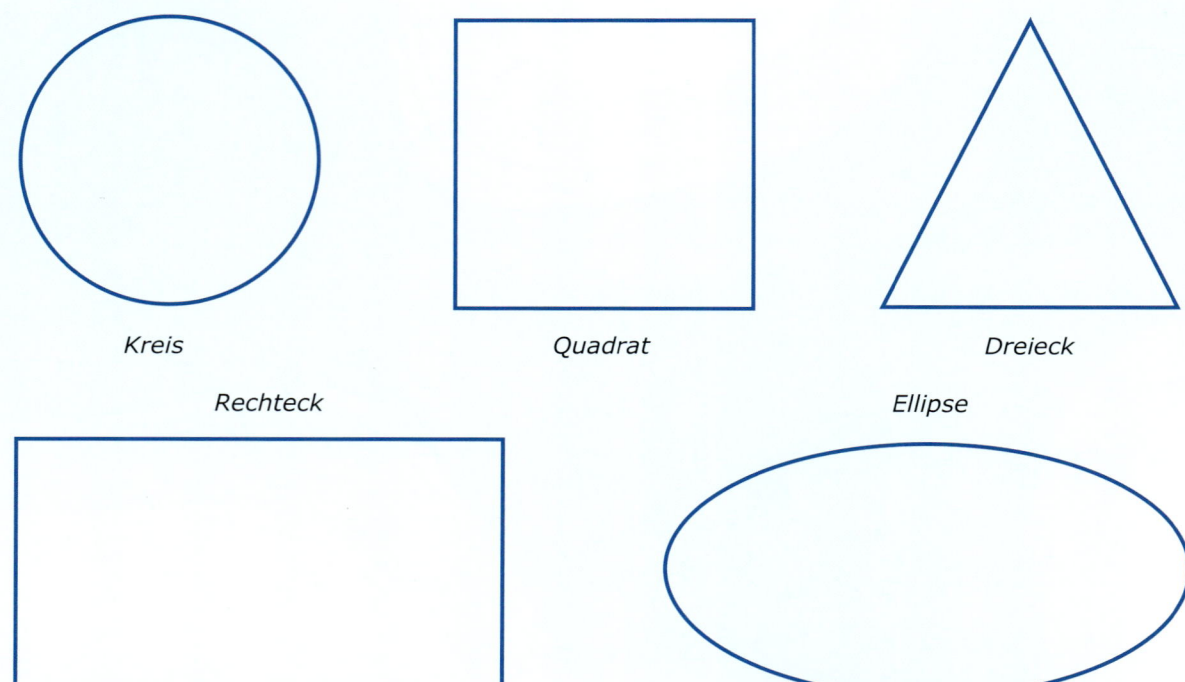

Es gibt eine Reihe von Grundformen. Diese wirst du erkennen, wenn du das Motiv genau betrachtest.

Eine gute Übung ist es, wenn du auf ein Foto eine transparente Folie legst und mit einem Folienstift die Formen einzeichnest. Übertrage diese auf ein Zeichenpapier.

In die Grundformen zeichnest du jetzt die Umrisse und Konturen aus dem Motiv.

Du wirst dir dieses System der Grundformen gut merken können. Wenn du ein Objekt gezeichnet hast, wirst du dich immer an die Grundformen erinnern.

Zeichne das Gerüst der Grundformen, und dann die Form der Umrisse und Konturen. Du wirst von dem Ergebnis überrascht sein.

Abstraktionsverfahren

Das Zeichnen der Umrisse und der Kontur

1. Schau dir die Vorlage genau an.

2. Überlege welche Grundformen zu deinem Motiv passen. Lege eine transparente Plastikfolie über das Bild und zeichne mit einem Folienstift die Grundformen ein.

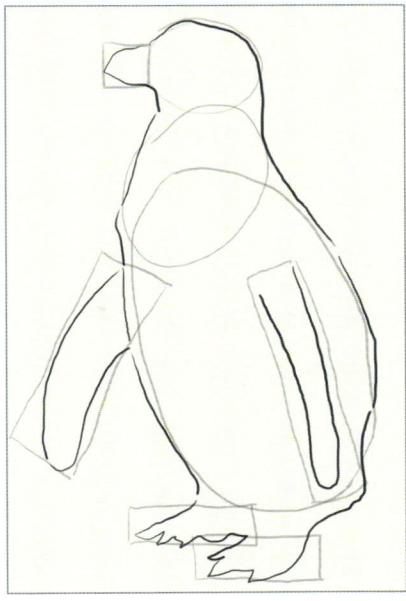

3. Zeichne mit einem Bleistift der Stärke HB die Grundformen auf ein Blatt Papier.

4. Verbinde die Grundformen mit den Umrisslinien und zeichne auch die Konturen ein.

Peilverfahren

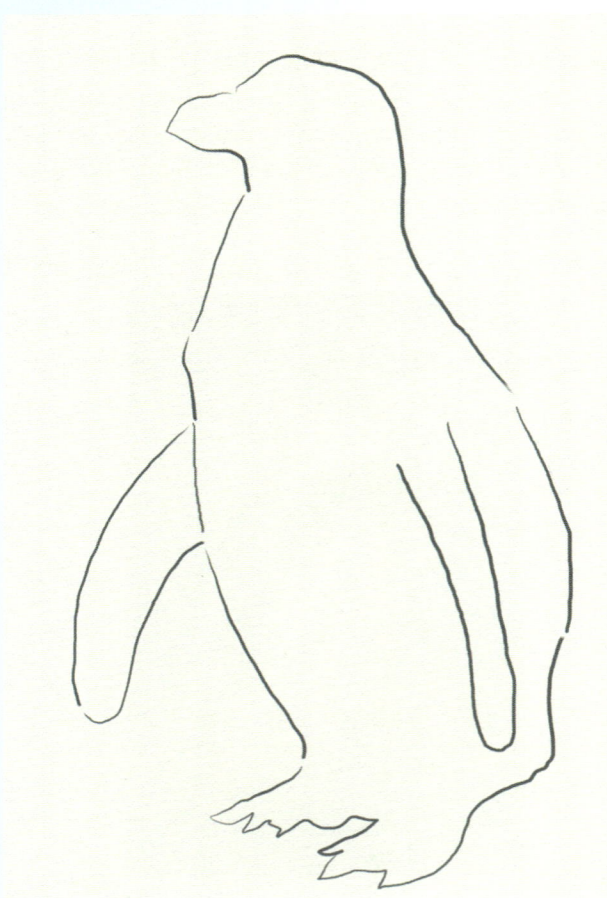

Hier siehst du den Umriss mit Konturen nachdem die Grundformen weg radiert wurden.

Alle hier beschriebenen Vorgehensweisen funktionieren auch unabhängig von einander. Du hast damit viele Möglichkeiten, dein zeichnerisches Geschick auszubauen. Mit der Zeit wird dir die eine oder andere Beobachtung zum nötigen Verständnis verhelfen. Richtiges Zeichnen ist mehr eine Frage der Methode, als eine Frage der Geschicklichkeit. Du wirst bei regelmäßiger Anwendung der hier beschriebenen Tricks lernen, auch vermeintlich schwere Bilder ohne große Schwierigkeiten richtig zu zeichnen und zu malen.

Lerne zu sehen, dann wirst du ein guter Zeichner und Maler.

Merke: Selbst die großen Maler haben klein angefangen. Sie alle haben die hier beschriebenen Methoden angewandt. Und alle haben auch hin und wieder eine missglückte Zeichnung in den Papierkorb geworfen.

Peilverfahren

Bei dem Abstraktionsverfahren hast du gelernt, welche Grundformen zu deinen Motivobjekten passen. Mit dem Peilverfahren lernst du , die Größe der Objekte richtig zu übertragen.

Ungeübte Zeichner beobachten und zeichnen ohne zu messen. Das Ergebnis ist meist fehlerhaft, weil die Größenverhältnisse (Proportionen) nicht stimmen. Mit dem Peilverfahren zeichnest du von deiner Vorlage ab und überträgst mit Hilfe eines Messstiftes in der richtigen Größe auf dein Papier.

So funktioniert das Messen:

Es kann hilfreich sein wenn du dir deine Malvorlage in Grundformen aufgliederst.

Du brauchst dazu einen zweiten Stift. Diesen Stift greifst du von oben greifen.

Peilverfahren

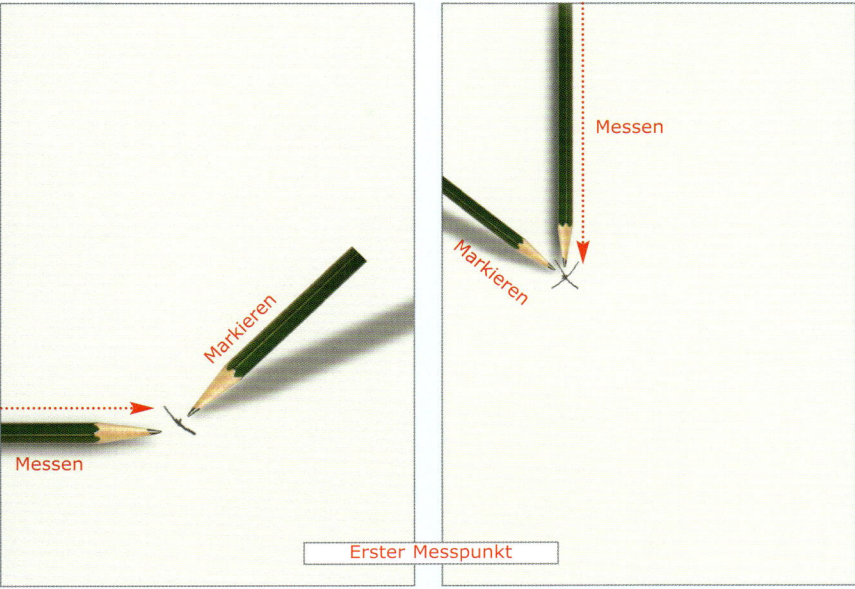

Du misst mit Hilfe eines Stiftes die Größe dessen, was du zeichnen möchtest. Die Spitze des Stiftes legst du an einen auffälligen Punkt der Vorlage. Ecken, Spitzen und Übergänge sind hilfreiche Messpunkte. Jetzt den Stift so in die Hand nehmen, dass du die Größe des zu messenden Objektes abgreifst. Spitze am Messpunkt, Finger an der Papierkante. Du hältst den Stift fest und hebst ihn in dieser Haltung, ohne abzusetzen, auf dein Zeichenpapier, mit den Fingerspitzen wieder an der Papierkante. An der Stiftspitze des Messstiftes machst du mit der Spitze des zweiten Stiftes einen Markierungsstrich. An der nächsten Stelle, an der du deinen Messstift hältst, machst du mit deinem Zeichenstift ebenfalls einen Markierungsstrich. Wiederhole dies mit dem zweiten Messpunkt. Nun kannst du zwischen den beiden Messpunkten die Umrisslinie in der richtigen Größe zeichnen. Messe immer wieder an verschiedenen Stellen. Du hast somit eine gute Kontrolle.

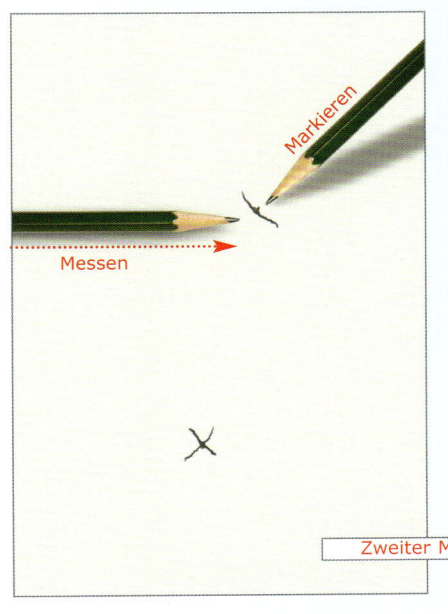
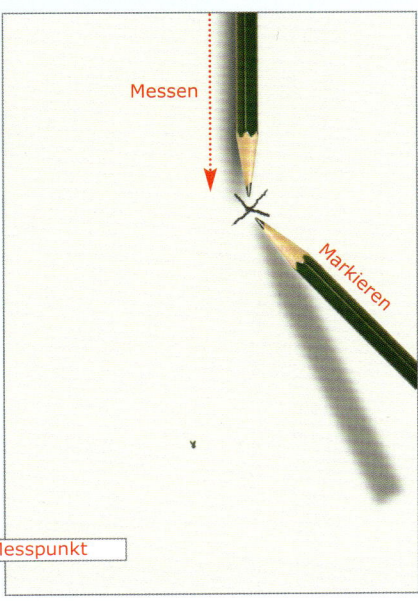
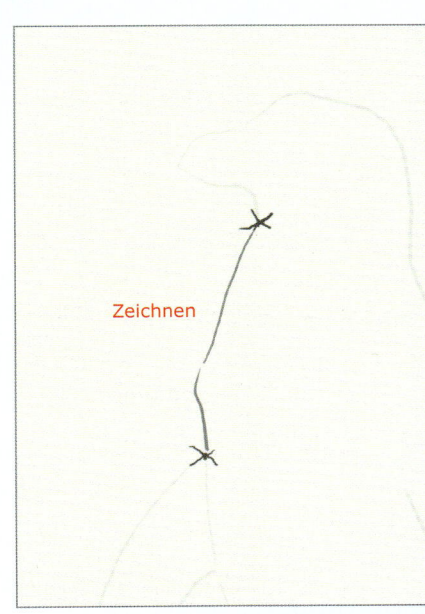

Rasterverfahren

Das Rasterverfahren

Hier werden die Vorlage und der Malgrund mit einem Raster (Gitternetz) versehen, anhand dessen die Konturen des Motivs Kästchen für Kästchen übertragen werden. Du kannst die Kästchengröße auf deinem Malgrund verändern, um so die Größenverhältnisse zu variieren.

Diese Methode ist eine gute Hilfe, wenn du dein Motiv in einer anderen Größe malen oder zeichnen möchtest.

Rasterfolie und Rasterbogen
Auf dem Vorlageteil dieses Buches sind unterschiedlich große Rasterbögen gedruckt. Eine Rasterfolie findest du im Anhang des Buches.

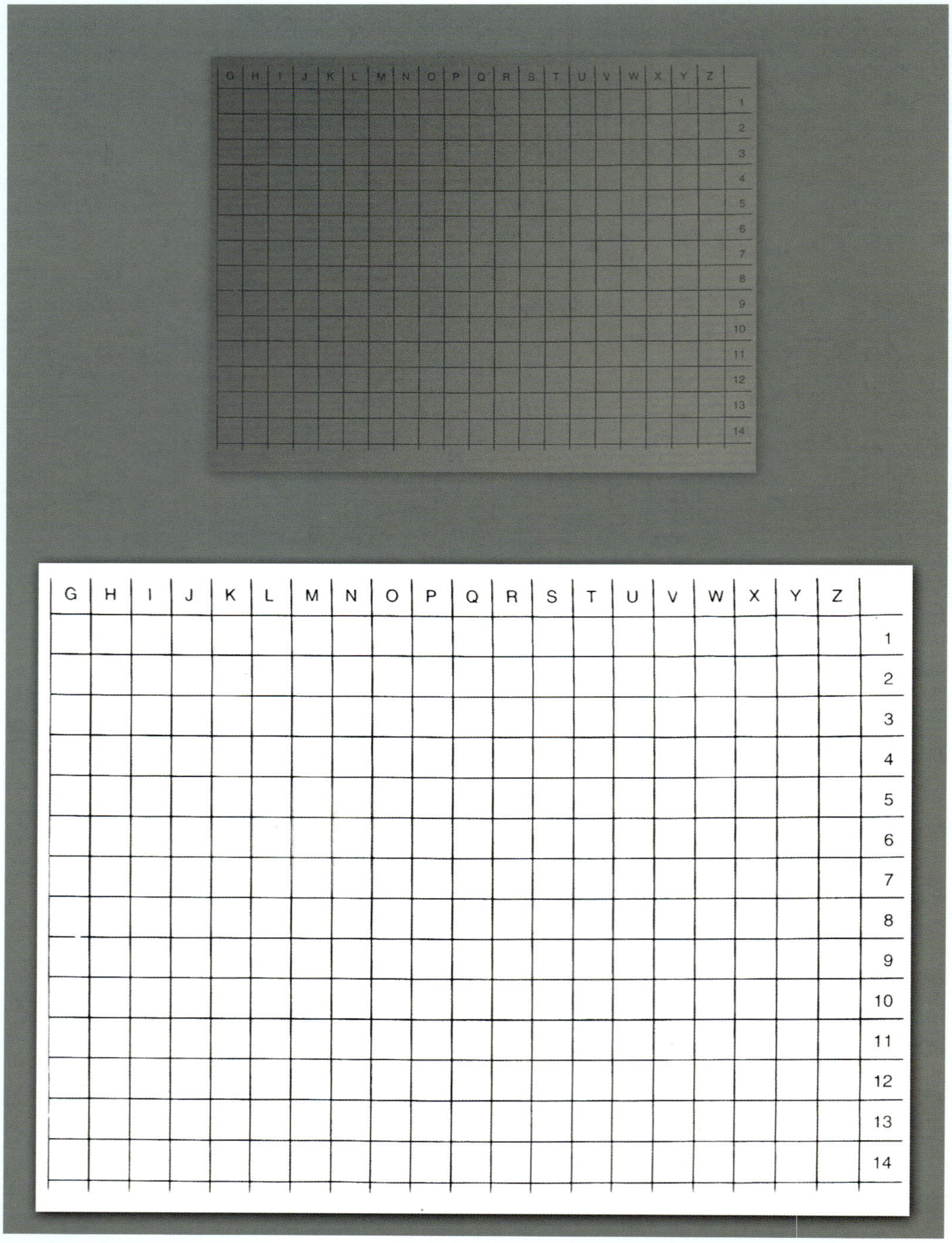

Rasterverfahren

Lege deine Vorlage (Foto, Postkarte, etc.) mit der Bildseite nach unten auf die transparente Rasterfolie und fixiere sie mit Kreppklebeband.

Auf dem Rasterbogen befestigst du mit Kreppklebeband einen Bogen Transparentpapier.

Such dir einen Rasterpunkt aus, an dem du die Übertragung beginnen möchtest.

Kästchen für Kästchen wird nun die Vorlage auf das Transparentpapier gezeichnet. Nimm vorzugsweise einen blauen Buntstift, da die Rückseite später dunkelgrau eingefärbt wird.

Nachdem die Übertragung fertig ist, löst du das Transparentpapier von dem Rasterbogen.

Wie du dieses Pausergebnis auf ein Zeichenpapier überträgst, zeigen wir dir am Beispiel auf den folgenden Seiten und in der praktischen Übung „Katze" ab Seite 56.

Pausverfahren

Pausverfahren

Abpausen ist kein Mogeln, wie in der Schule das Abschreiben vom Nachbarn. Es ist vielmehr eine sichere und schnelle Technik, um eine Vorlage genau und maßgerecht zu übertragen. Dieses Verfahren haben sich Künstler schon vor langer Zeit ausgedacht. Natürlich ist diese Vorgehensweise dann auch für dich erlaubt. Der Nachteil dieses Verfahrens besteht darin, dass die Übertragung nur im Verhältnis 1:1 möglich ist.

Lege einen Bogen Transparentpapier auf deine Vorlage.

Jetzt kannst du die Umrisse und Konturen nachzeichnen. Ein spitzer, roter Stift ist hierfür ratsam. Bevor du das Transparentpapier von der Vorlage löst, vergewissere dich ob du auch alles nachgezeichnet hast.

Nun das Transparentpapier mit Kreppklebeband befestigen. Kreppklebeband lässt sich gut wieder ablösen.

Das Transparentpapier, bzw. eine Fotokopier-Vergrößerung, wird jetzt von der Rückseite mit einem weichen Bleistift gefärbt.

 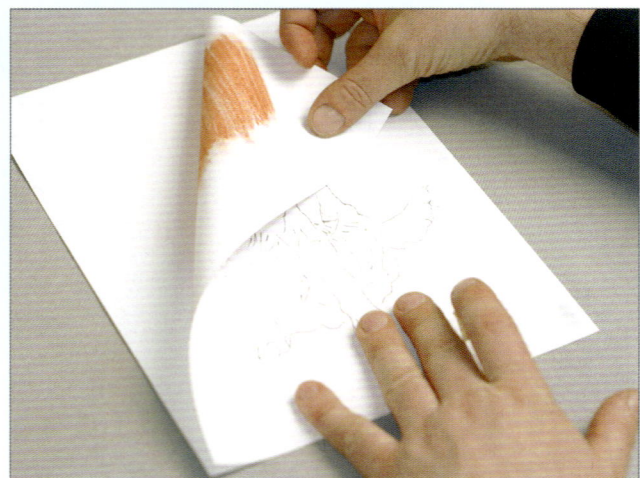

Pausverfahren

Das Papier mit der eingefärbten Pause wird jetzt richtig herum auf das Zeichen- oder Malpapier aufgelegt. Die gefärbte Seite liegt auf dem Papier. du siehst jetzt deine rote Pauszeichnung. Befestige sie mit Kreppklebeband, damit sie dir nicht verrutscht.

Bevor du nun das Transparentpapier entfernst, vergewissere dich noch einmal, ob du alles nachgezeichnet hast. Wenn du mit dem Ergebnis zufrieden bist, kannst du mit dem Ausmalen beginnen.

Zeichne mit einem blauen, spitzen Stift die roten Linien nach. So hast du immer eine gute Kontrolle darüber, was du bereits nachgezeichnet hast. Schau auch einmal vorsichtig unter das Transparentpapier, ob sich das Nachgezeichnete auch wirklich auf das Malpapier übertragen hat.

Dieses Verfahren ist ausführlich in der praktischen Übung „Hund" ab Seite 49 beschrieben.

Tipp: Wenn du dennoch vergrößern oder verkleinern willst, kann ein Fotokopierer hilfreich sein. Viele Kopierer sind in der Lage stufenlos zu vergrößern oder zu verkleinern. Wer einen Computer mit Scanner und Drucker besitzt, kann seine Vorlage natürlich auch scannen und beliebig groß ausdrucken.

Licht, Schatten & Farbe

Licht und Schatten

Nachdem du die Umrisse und Konturen gezeichnet hast, möchtest du sicherlich die Flächen farbig gestalten. Wenn jede Fläche durchgängig in einer Farbe angemalt wird, sieht das etwas seltsam aus. In der Natur ist nicht alles gleichmäßig beleuchtet. Einige Stellen liegen voll im Licht, andere nicht. Die direkt beleuchteten sind also heller als die, die im Schatten liegen. Wenn du etwas malen möchtest, was eigentlich nur eine Farbe besitzt, ist die Färbung, je nach Beleuchtung, unterschiedlich intensiv. Damit du solche Flächen gestalten kannst, solltest du einiges über Licht und Schatten wissen.

1. Direkte Beleuchtung

Um überhaupt Farben sehen zu können, muss ein Objekt von einer Lichtquelle beleuchtet sein. Die Stelle auf die das Licht trifft ist die hellste. Diese Stelle wird als Glanzlicht bezeichnet. Darstellen kannst du diese Stelle mit dem Weiß des Papiers. Das ist ganz einfach. An dieser Stelle brauchst du nichts zu malen. Du lässt einfach das Papierweiß für das Glanzlicht stehen.

2. Indirekte Beleuchtung

Nicht jeder Lichtstrahl trifft auf dieselbe Stelle. Das Licht scheint auch an dem Gegenstand vorbei, trifft auf einen Untergrund und wird von diesem teilweise zurückgeworfen (reflektiert). Dieses zurückgeworfene Licht trifft den Gegenstand auf der vom Licht abgewandten Seite, also auf der Schattenseite. Es kommt so zu einer indirekten Beleuchtung.

3. Kernschatten

Die Form eines Gegenstands verhindert, dass er gleichmäßig beleuchtet wird. So kommt es auf diesem Gegenstand zu Schattenflächen. Je nachdem, wieviel Licht diese Stelle erreicht, ist diese heller oder dunkler. Der Schatten wird demnach zur Lichtquelle hin heller. So entsteht ein Farb- oder Grauverlauf, der sich der Form des Gegenstandes anpasst. Er liegt innerhalb des Objekts und wird als Kernschatten bezeichnet. Mit seinen unterschiedlichen Graustufen (Tonwerten) beschreibt er die Form des Objektes. Er zeigt, in welcher Richtung die Objektkrümmung liegt.

4. Schlagschatten

Das Licht, das auf ein Objekt trifft, verursacht auf der Gegenseite des Objektes, von diesem wegfallend einen Schatten. Dieser Schatten trifft auf den Untergrund auf. Er wird als Schlagschatten bezeichnet und hat in Bildern eine wichtige Funktion, denn er beschreibt dem Betrachter, wo sich der Gegenstand befindet. Besser gesagt, er zeigt ob der Gegenstand liegt oder fliegt. Die Schattenfärbung ist gleichmäßig dunkel.

Damit dir das Licht nicht verloren geht, planst du beim Zeichnen und Malen diese hellen Stellen in Dein Bild mit ein. Du schaust dir deine Vorlage genau an und suchst darauf die Glanzlichter und die indirekt beleuchteten Stellen. Damit diese Stellen als weiße Stellen auf dem Papier stehen bleiben, markierst du diese vorsichtig mit einen Bleistift H2 nur mit Punkten.

Licht, Schatten & Farbe

Schlagschatten

Objekt liegend

Der Schlagschatten zeigt die Position des Objekts im Raum.

Objekt schwebend

Kernschatten

Mit seinen unterschiedlichen Graustufen (Tonwerten) beschreibt der Kernschatten die Form des Objektes. Er zeigt, in welcher Richtung die Objektkrümmung liegt.

Der Schattenfall, die Schattenrichtung

Hier kommt das Licht von hinten links. Der Schlagschatten fällt von dem Objekt abgehend auf die, dem Licht entgegengesetzte Seite.

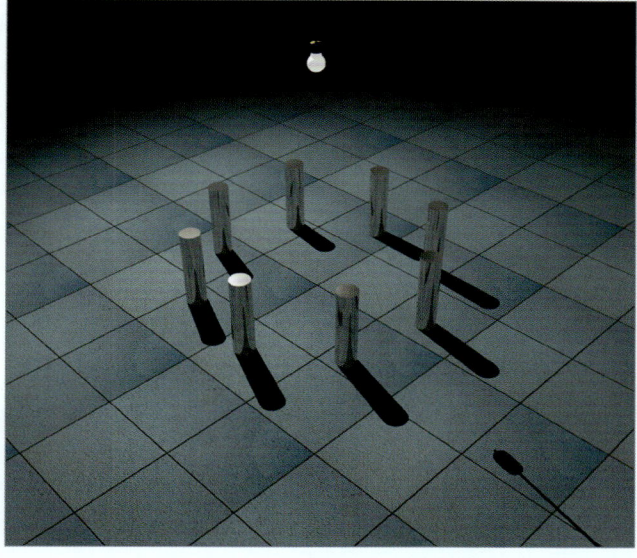

direktionale Lichtquelle (Spot)

Zentrale Lichtquelle (Punktlicht)

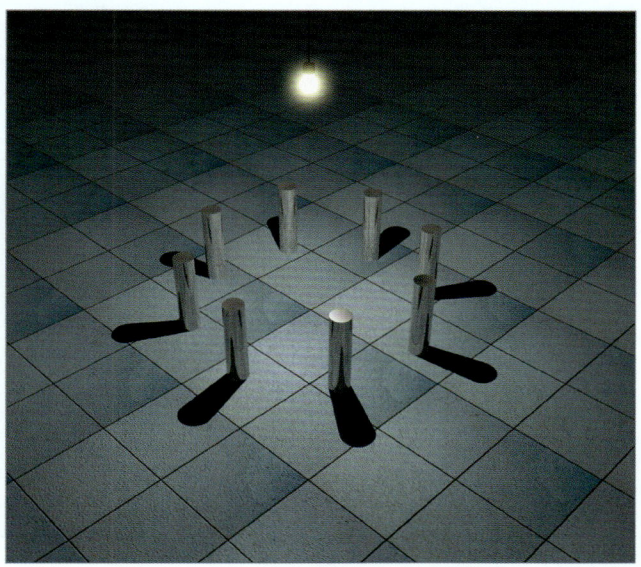

Stellst du um eine Lichtquelle im Kreis herum einige Gegenstände würde sich der Schlagschatten jeweils in die vom Licht abgewandte Richtung legen. Die Schatten würden sich wie die Ziffern auf der Uhr um die Lichtquelle verteilen.

Graustufen & Grauwerte

Grauskala

Das Malen der Schattenflächen macht mit einen Bleistift oder Zeichenkohle richtig viel Spaß. Du solltest die Arbeit mit der gründlichen Betrachtung deiner Vorlage beginnen. Wie du jetzt weißt, sind manche Stellen heller und andere dunkler. Damit du diese Schattierung richtig zeichnen und malen kannst, fertigst du dir eine Grauskala an. Dies ist nichts anderes als ein Stück weißer Karton, auf dem du dir die verschiedenen Graustufen einzeichnest. Mache zunächst eine Einteilung mit acht Feldern. Das erste Feld lässt du weiß. Das letzte Feld machst du mit dem weichsten Bleistift so dunkel wie möglich. Die Felder dazwischen legst du nun vom Hellen zum dunklen mit unterschiedlichen Graustufen anlegen. Hierfür nimmst du unterschiedlich harte Beistifte. Damit die Flächen gleichmäßig gefärbt sind, kannst du sie mit einem Tüchlein oder einen Papierwischer verreiben.

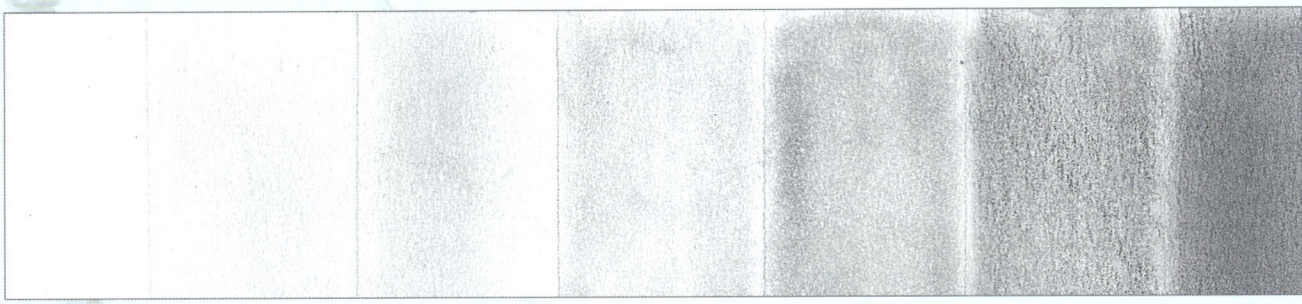

Mit deiner Grauskala vergleichst du auf der Vorlage die Schattierung mit den eingeteilten Graustufen. Du kannst so die Graustufen in Dein Bild übernehmen. Die Schattierung wird durch diese Vergleichmöglichkeit leichter erkennbar. Diese Grauskala kannst du nicht nur bei schwarz – weißen Bildern einsetzen. Sie wird dir auch helfen, die Tonwerte bei farbigen Flächen aufzuschlüsseln.

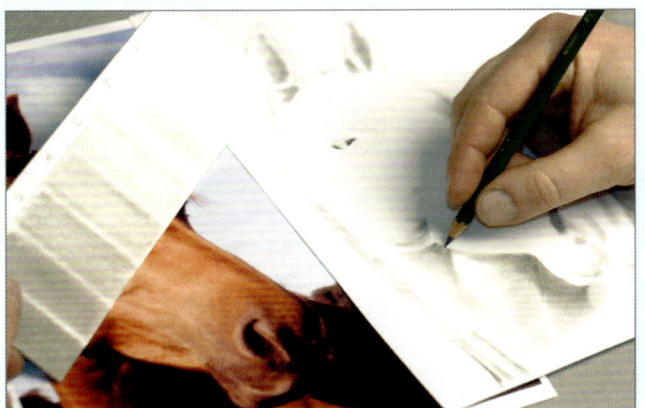 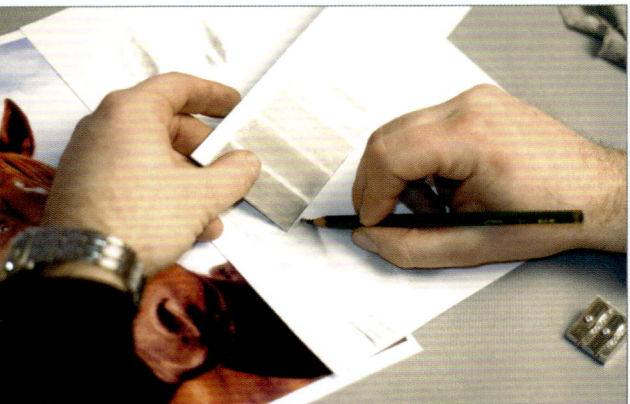

Perspektive

Perspektive

Stelle dir vor, du sitzt vor einem Fenster. Das, was du in dieser Position siehst, möchtest du malen. Der Festerrahmen ist die Begrenzung dessen, was du siehst. Dein Papier, auf das du malen möchtest, entspricht dem Fensterrahmen. Um nun alles im richtigen Größenverhältnis zu erfassen, brauchen wir einige Informationen über das perspektivische Sehen.

Horizont (rote Linie)

Hier ist nicht der Horizont gemeint, an dem sich Himmel und Wasser scheinbar berühren. Hier geht es um das, was du siehst, also deinen Horizont. Dieser optische Horizont liegt immer in deiner Augenhöhe. Wenn du auf eine Leiter steigst, befindet sich dein Horizont auf Höhe deiner Augen. Wenn du neben deinem Vater stehst und ihr schaut beide in dieselbe Richtung, dann würde dein Horizont unter dem deines Vaters liegen.

Wenn du nun aus dem Fenster schaust und deine Augenhöhe wäre auf halber Höhe des Fensters, könntest du auf der Fensterscheibe in halber Höhe mit einem Folienstift eine Linie ziehen. Diese Linie wäre dein Horizont. Auf deinem Papier zeichnest du mit einem Bleistift diese Horizontlinie ein.

Blickpunkt (rotes X)

Wenn du jetzt deinen Kopf nach links oder rechts drehst, geht dein Blick auf dem Horizont hin und her. Nachdem du festgelegt hast, in welche Richtung du genau schauen möchtest, zeichnest du mit dem Fenstermalstift einen Punkt an diese Stelle.

Auf deinem Zeichenpapier machst du auf der Horizontlinie ebenfalls einen Punkt. Dieser markiert den Punkt, auf den du auf dem Horizont schaust. Er wird als Blickpunkt bezeichnet.

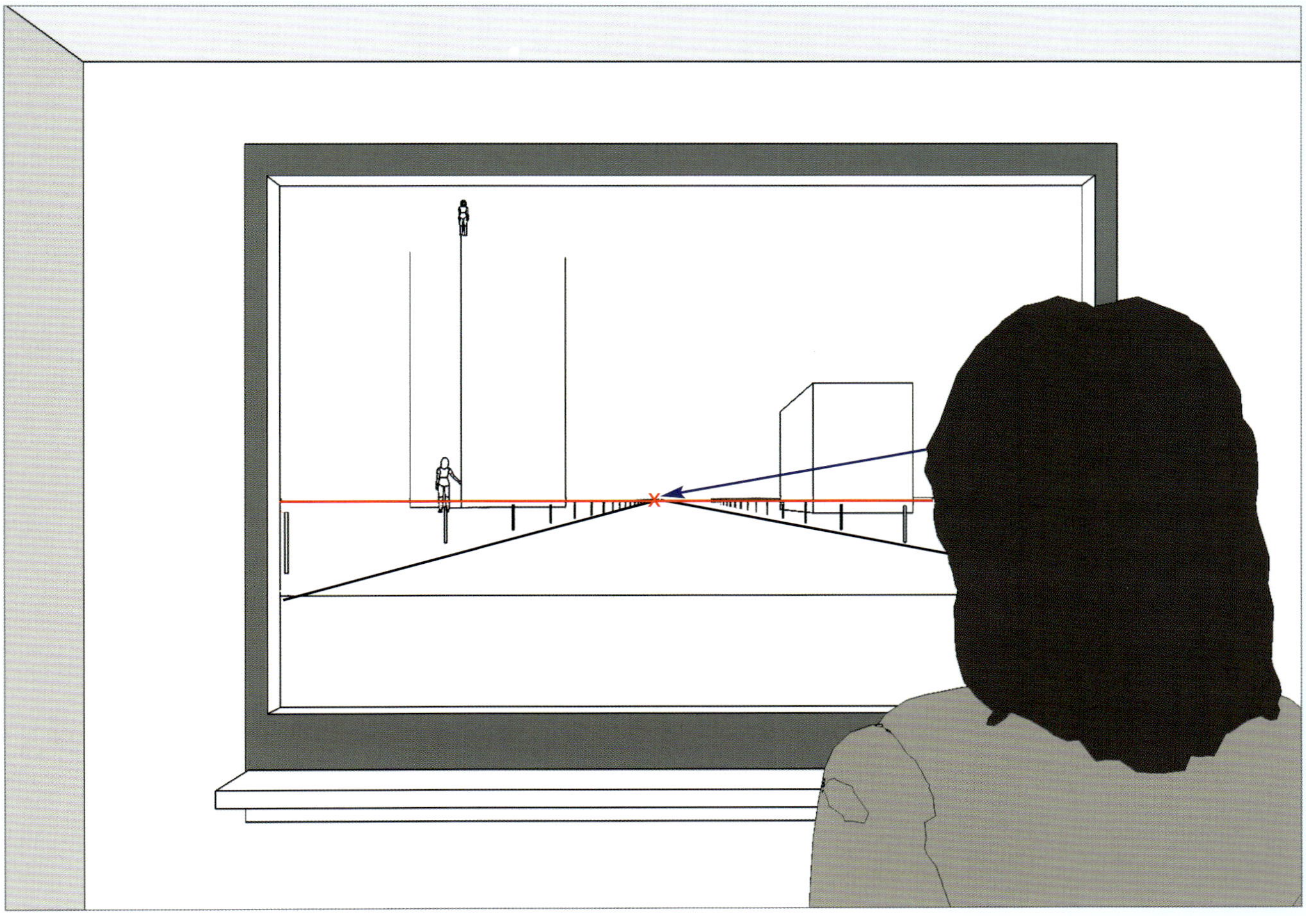

Perspektive

Fluchtpunkt

Mit dem, was du malst, beschreibst du dem Betrachter, was sich zwischen dir und dem Horizont befindet.

Du blickst aus dem Fenster und schaust direkt auf das Haus gegenüber. deine Hauswand steht parallel zur gegenüberliegenden Hauswand. Dies nennt man eine frontale Position. Boden und Decke der Forderfront wären parallel zur Oberkante des Fensterrahmens. Du zeichnest also den Boden und die Decke entsprechend parallel zur Oberkante deines Papiers. Die Seitenwände des Hauses befinden sich parallel zum linken und rechten Fensterrahmen.

Auf dem Papier zeichnest du demnach die Seitenwände parallel zu den Außenkanten. Die gedachten Verlängerungen der Seitenwände zeigen auf den zentralen Fluchtpunkt auf dem Horizont. Die Seitenwände des Hauses stehen also in Flucht nach hinten zum Horizont.

Um dies zeichnerisch umzusetzen, malst du mit dem Folienstift die Linien der Hausflucht länger ein, bis diese auf den Horizont treffen. Der Punkt, auf den diese Linien treffen, wird Fluchtpunkt genannt.

Der Fluchtpunkt und der Blickpunkt sind also nicht dasselbe. Auf deinem Papier zeichnest du den Fluchtpunkt entsprechend ein. Von den Ecken der Forderfront des Hauses zeichnest du nun Linien zum Fluchtpunkt. Du bestimmst die Tiefe des Hauses und zeichnest die Hauskante der Rückfront ein.

Wenn sich das Objekt frontal vor dir befindet, spricht man auch von der Parallelperspektive.

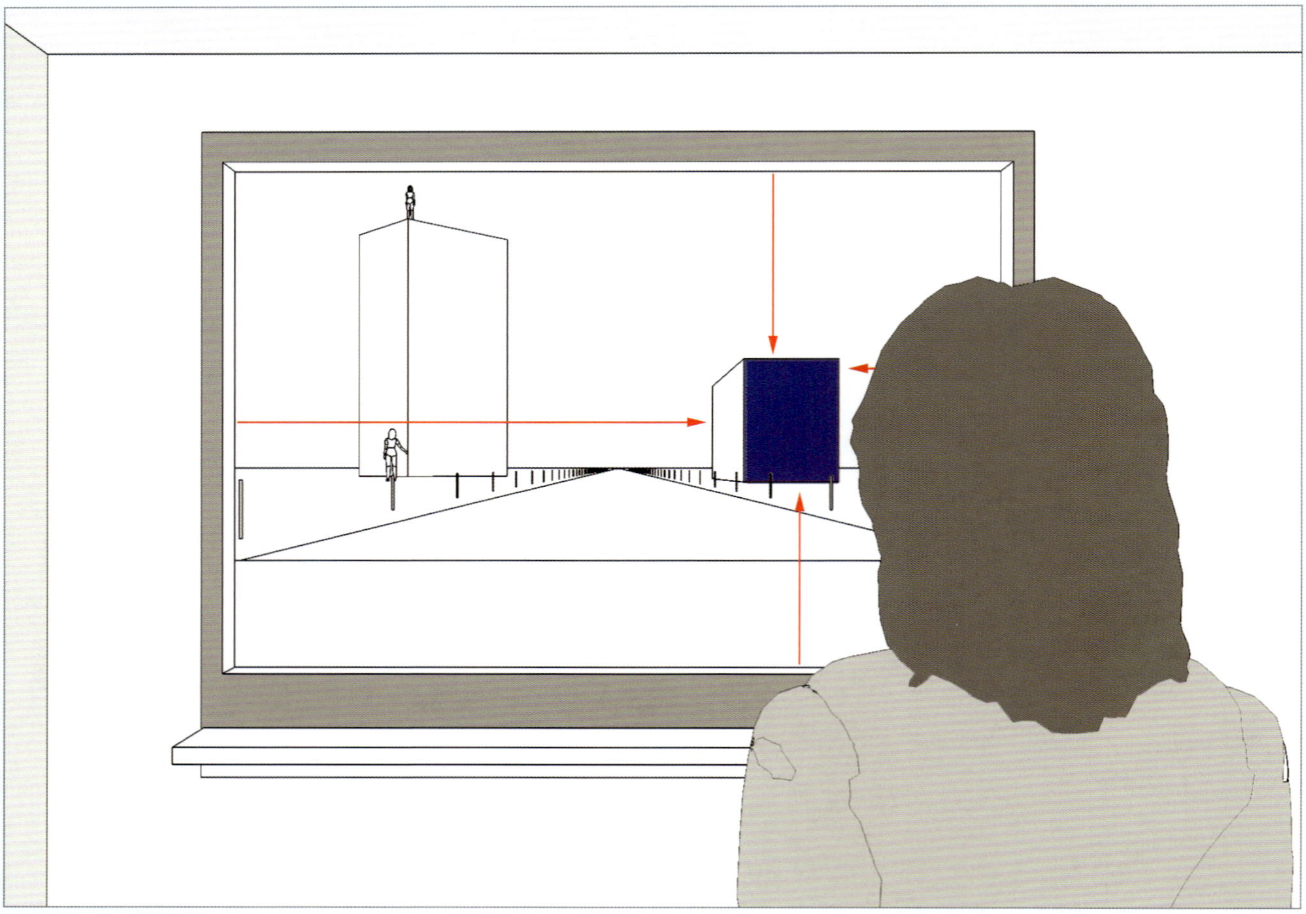

Schrägperspektive

Wenn sich nun zwischen dir und dem Horizont ein Haus befindet, das schräge steht, bilden sich zwei Fluchten. Du zeichnest die Verlängerung der Fluchten des Hauses zum Horizont hin auf die Scheibe und kannst diese Fluchtpunkte markieren. Auf dem Zeichenpapier markierst du auf dem Horizont die Fluchtpunkte. So kannst du die Fluchten des schräg stehenden Hauses zeichnen. Häufig befinden sich die Fluchtpunkte der Schrägperspektive außerhalb des Zeichenpapiers. Du kannst das Papier auf einer großen Pappe befestigen und zeichnest die Fluchtpunkte dann auf der Pappe ein. Mit ein wenig Übung wirst du diese Fluchtpunkte erkennen, ohne dass du sie markieren musst.

Die Straße wird zum Horizont hin immer schmaler. Diesen optischen Effekt nennt man Konvergenz. Der Abstand zwischen den Straßenpfählen wird immer kürzer und ihre perspektivische Höhe und Größe immer geringer, je näher sie dem Horizont sind. Man nennt dies perspektivische Verkürzung.

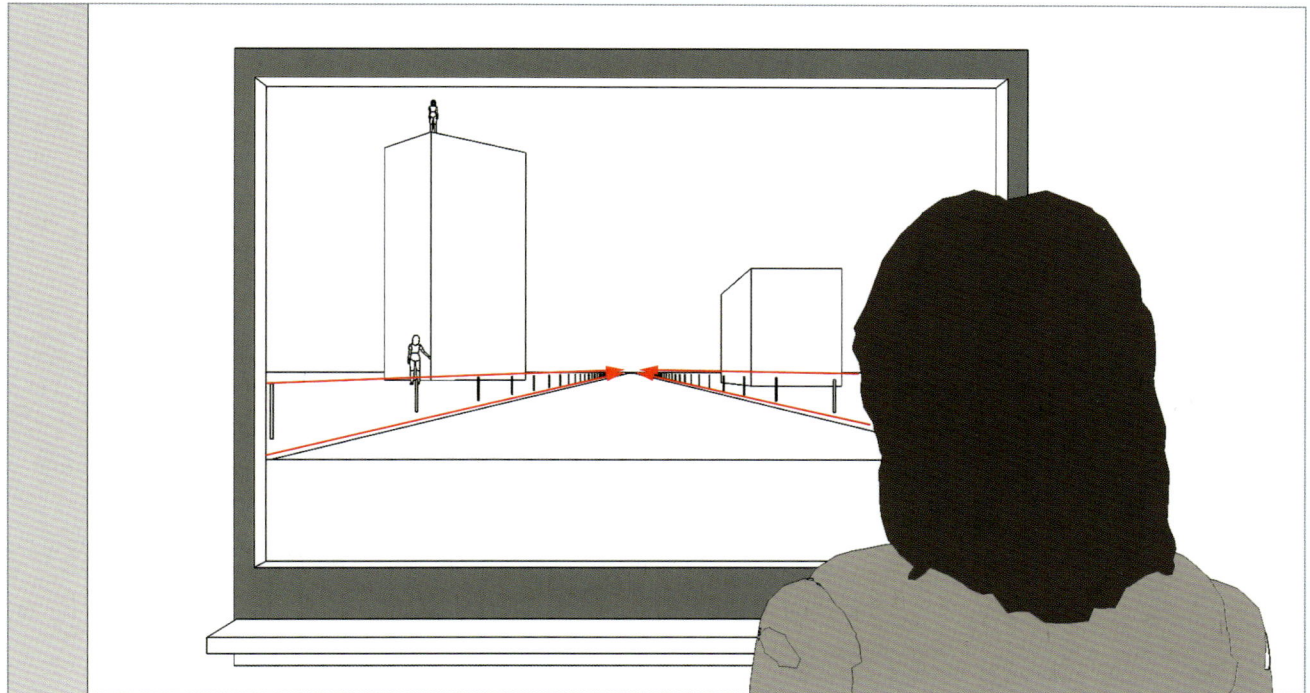

Perspektive

Vogelperspektive

Du schaust z.B. von einem Turm auf etwas herunter. Nahe Objekte wirken groß. Entfernte Objekte wirken klein.

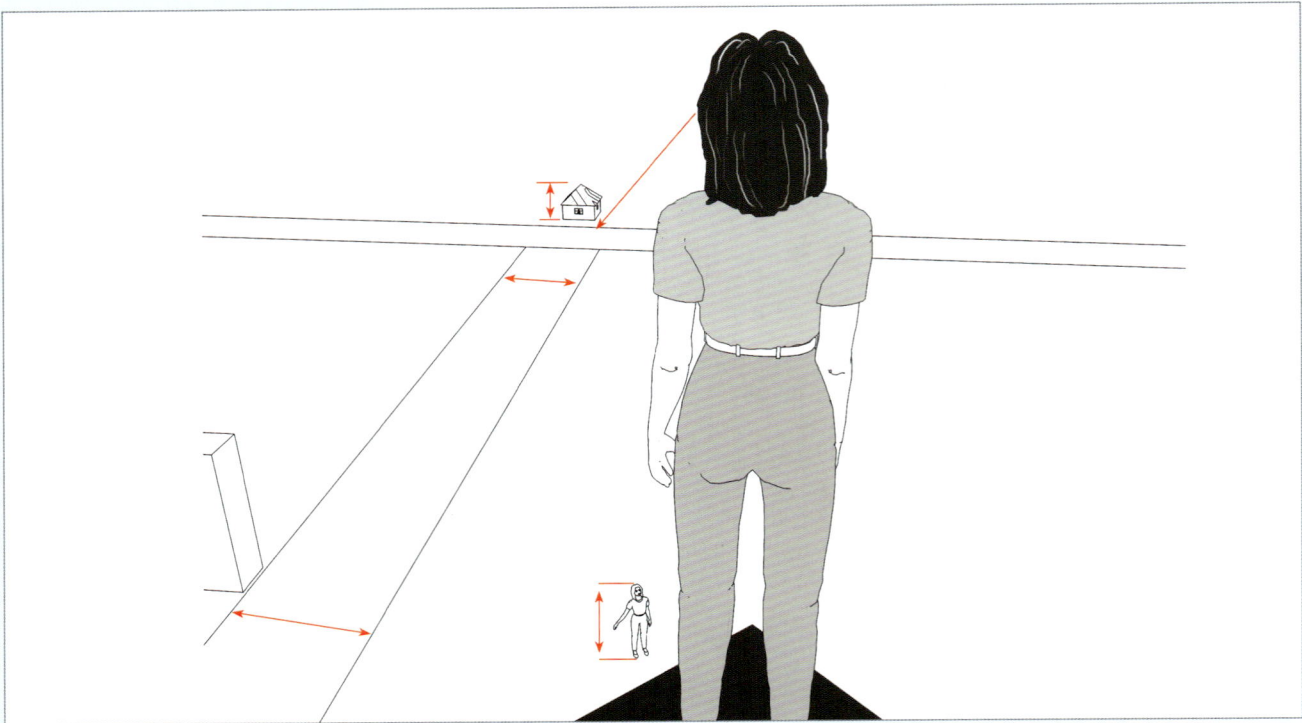

Froschperspektive

Du schaust nach oben Objekte direkt über dir wirken groß und verjüngen sich nach oben hin.

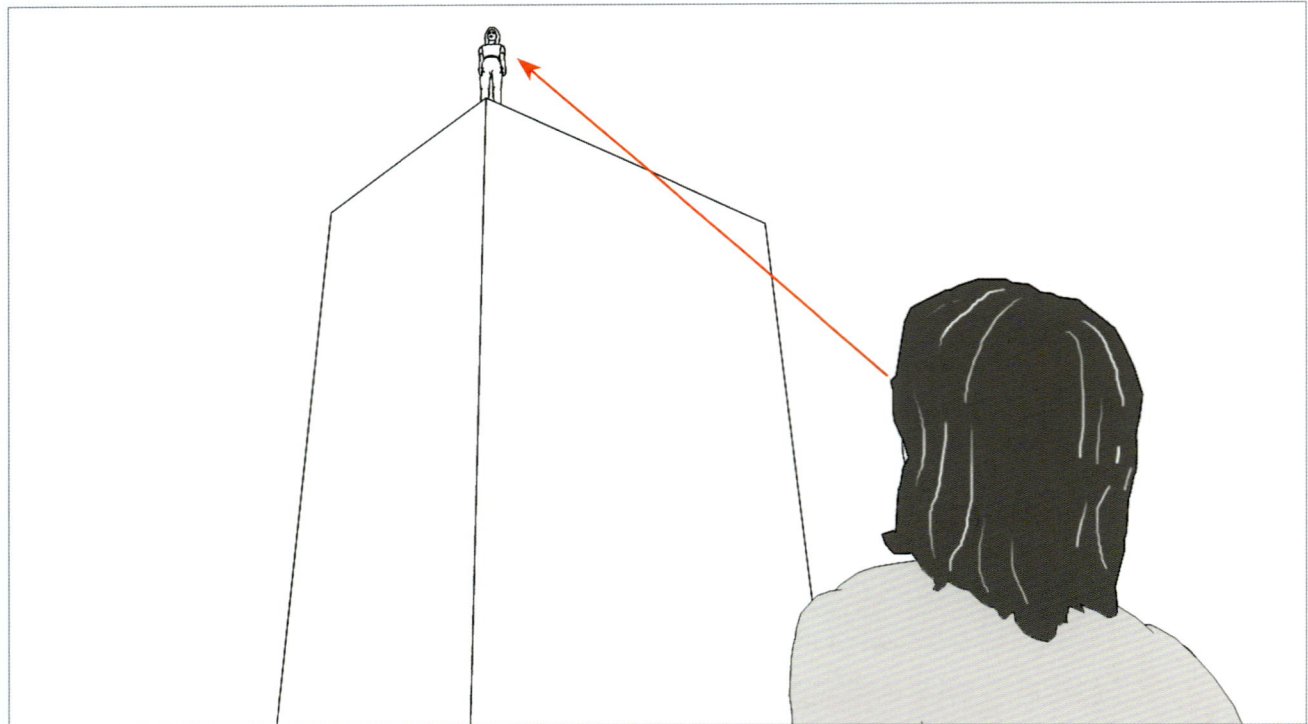

 Perspektive

Luftperspektive

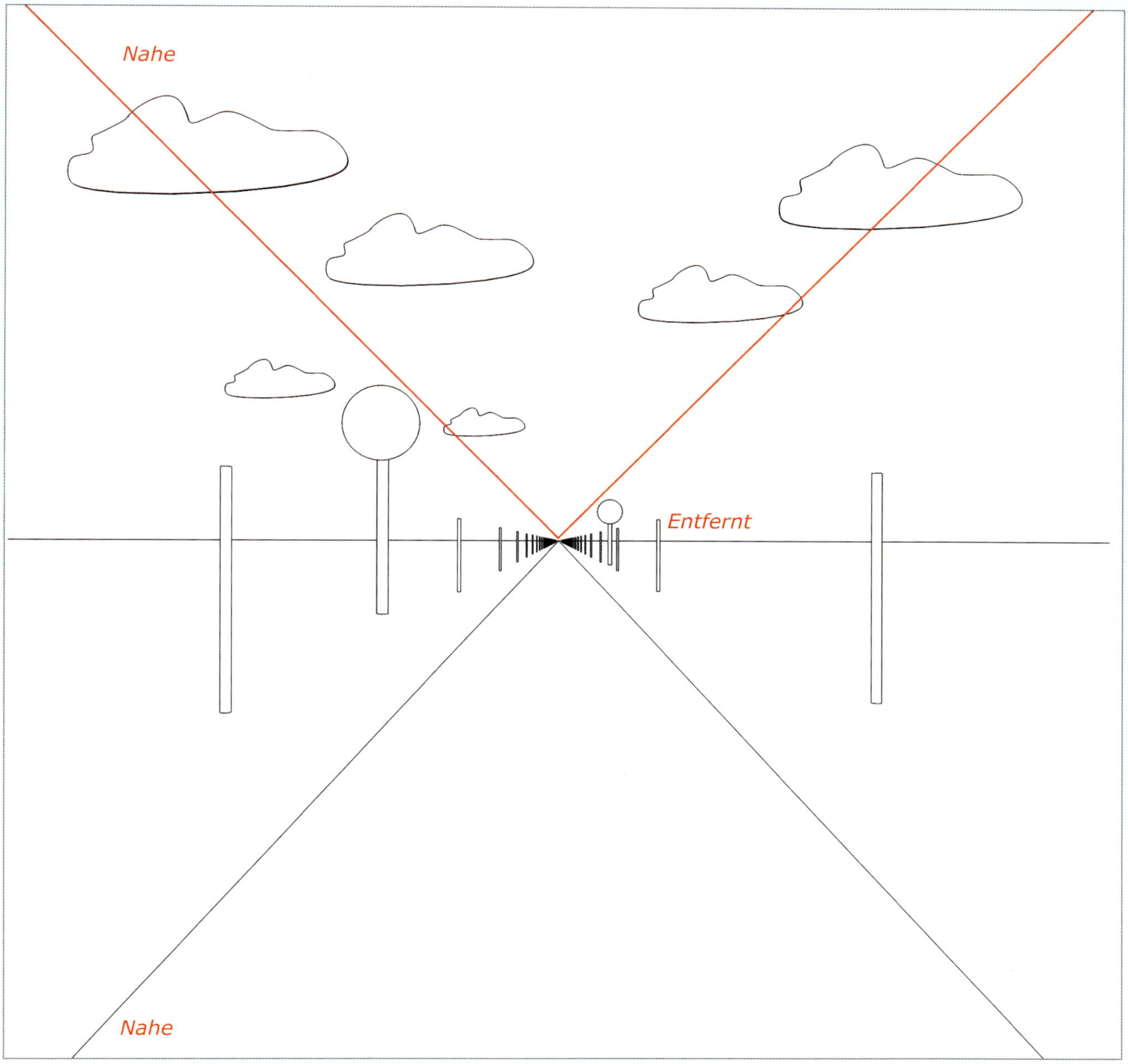

Auch am Himmel sind weiter entfernte Dinge kleiner. Nahe Gegenstände sind größer. Hier sind es Wolken. Es könnten aber auch Vögel, Flugzeuge oder Ballons sein. Durch die Darstellung des Horizonts und einiger Objekte, die an der Bilddiagonale angeordnet sind, wird somit eine räumliche Wahrnehmung erzeugt.

So, nun sind wir am Ende des theoretischen Teils. Es folgen die praktischen Übungen.

Wir wünschen dir dabei viel Spaß und Erfolg.

Saurier

Saurier

Buntstifte und Ölkreiden sind sehr ähnlich. Die weichen Ölkreiden lassen sich leicht verreiben und es lassen sich schöne Farbverläufe erzielen. Die festen Buntstifte sind zum Zeichnen von genaueren Strichen geeignet. Diese unterschiedlichen Eigenschaften lassen sich wirkungsvoll in diesem Bild vereinen. Mit den Wasserfarben aus deinem Schulmalkasten lassen sich in Buntstiftbildern einzelne Flächen anlegen. Auch Filzstifte können hilfreich sein, einen gewünschten Effekt zu erzielen. Es geht also bei dieser Übung darum, mit verschiedenen Materialien eine optimale Wirkung zu erzielen.

Benötigtes Material

1 Bogen schwarzes Tonpapier
1 weißes Kopierpapier (färbt auf der Rückseite)
roter Filzstift

Ölpastellkreiden in den Farben:
grau, rot, orange, gelb

Metallic Buntstifte in den Farben:
gold, silber, blau, grün, kupfer

Deckweiß aus dem Schulmalkasten
gelbe Deckfarbe aus dem Schulmalkasten
Kreppklebeband

Hier ist das fertige Bild als Farbvorlage. So wird für dich die Vorgehensweise deutlich. Eine Vorzeichnung des Sauriers findest du auf dem Vorlagebogen dieses Buches.

Du benötigst einen schwarzen Bogen Tonpapier. Auf das Tonpapier legst du ein Kopierpapier. Dieses färbt auf seiner Unterseite weiß ab. Nachdem du deine Vorlage nachgezeichnet hast, siehst du die Umrisse und Konturen weiß auf dem schwarzen Tonpapier.

Du hast jetzt unten das schwarze Tonpapier, darauf liegt das Kopierpapier. Darüber legst du nun die Zeichnung des Dinos.

Saurier

Damit dir der Papierstapel nicht verrutscht, nimmst du Kreppklebeband und fixierst die Ecken.

Da die Zeichnung aus schwarzen Strichen besteht, ist es ratsam, den Saurier mit einem roten Stift nachzuzeichnen. Du hast so eine gute Kontrolle darüber, was du bereits gezeichnet hast und was du noch zeichnen musst. Bevor du das Klebeband ablöst, vergewissere dich ob alles kopiert ist, indem du unter das Kopierpapier schaust.

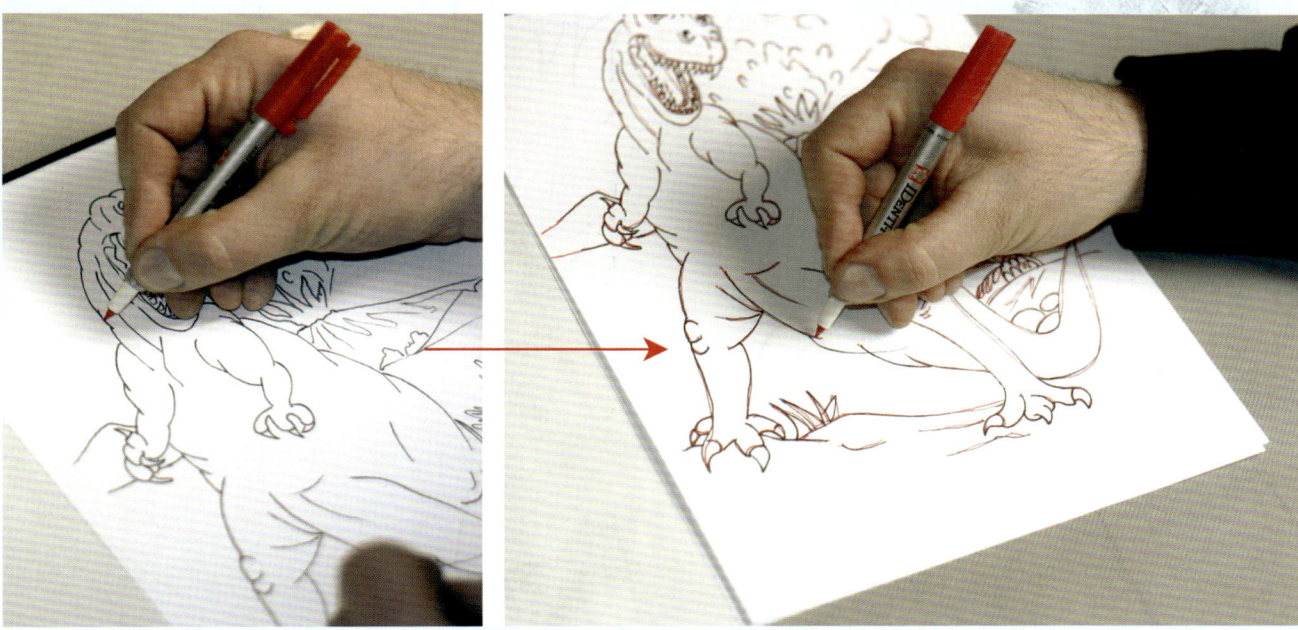

Hier ist der Saurier fertig und zum Ausmalen bereit.

Mit Ölmalkreiden lassen sich die Qualmwolken prima zeichnen. Die Striche sind einfach mit den Fingern zu verwischen.

ARTIST GUIDE — Saurier

Rote und gelbe Ölmalkreiden sind die Farben für das Feuer. Die Gesteinsbrocken, die herausgeschleudert werden, lassen sich durch die leicht verwischbare rote Ölmalkreide gut darstellen.

Der Saurier wird mit Buntstiften in Metallicfarben ausgemalt.

Hier ist der silberne Buntstift eingezeichnet, um den Einfall von Licht anzudeuten. Mit dem goldenen malst du rechts den Schatten ein. Die Flächen in der Mitte sind in ständigem Wechsel mit blau- und grünmetallic angelegt. Die Wasserfläche ist mit einem Metallicbuntstift in Blau schraffiert. Lass immer wieder etwas der schwarzen Papieroberfläche durchscheinen.

Bei den Steinen auf denen der Saurier steht, legst du die Schraffur jeweils in einer anderen Strichrichtung an. So sind diese Steine besser zu unterscheiden.

Mit einem runden spitzen Synthetikhaarpinsel der Stärke 4 zeichnest du das Gelb in die Augen. Das Gelb aus deinem Schulmalkasten ist hierfür bestens geeignet. Mit einem schwarzen Filzstift malst du eine lang gezogene Pupille.

Die weißen Zähne werden mit dem Deckweiß aus dem Schulmalkasten gemalt. Für diese dünnen Striche ist ebenfalls der 4er Synthetikpinsel hilfreich.

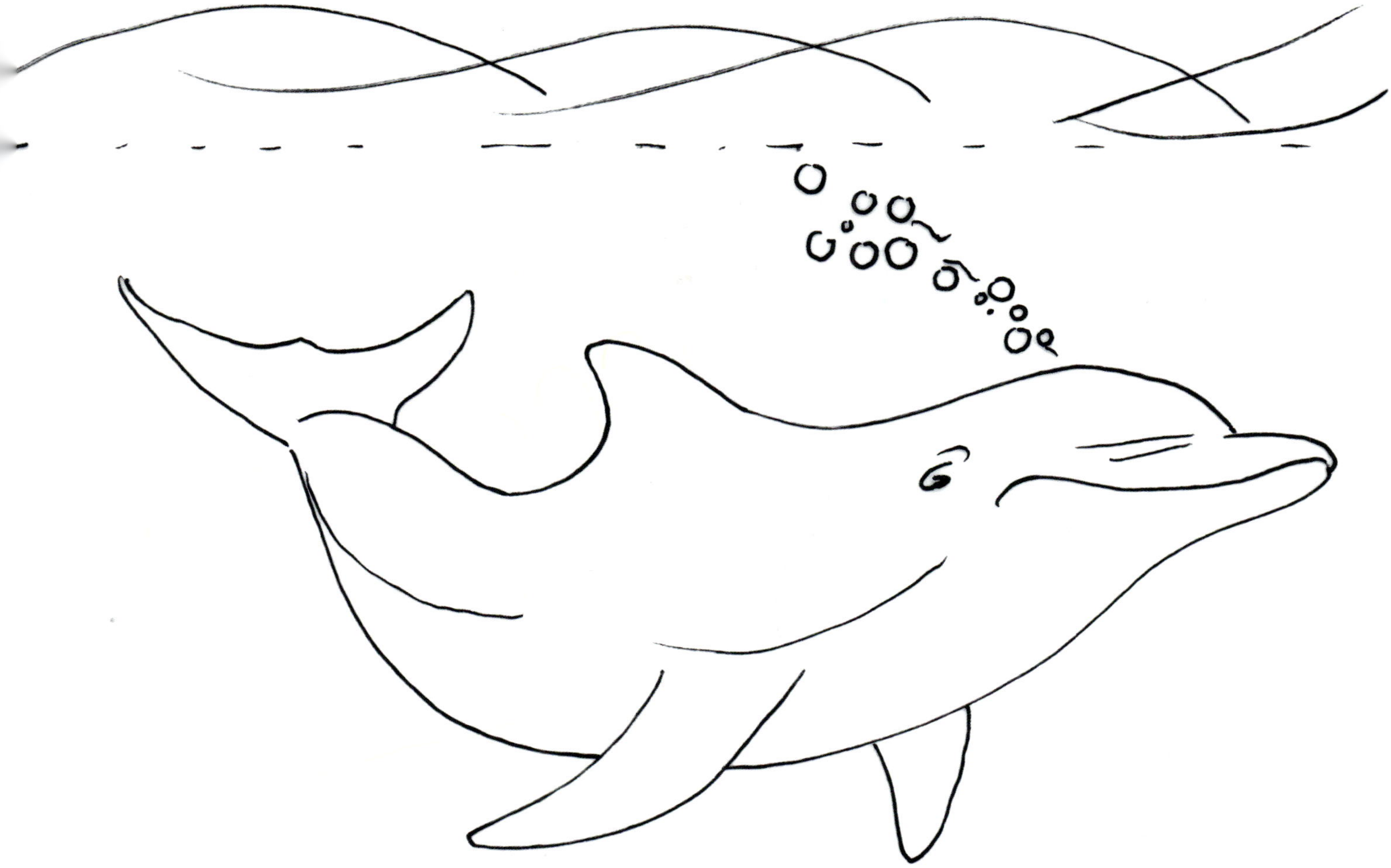

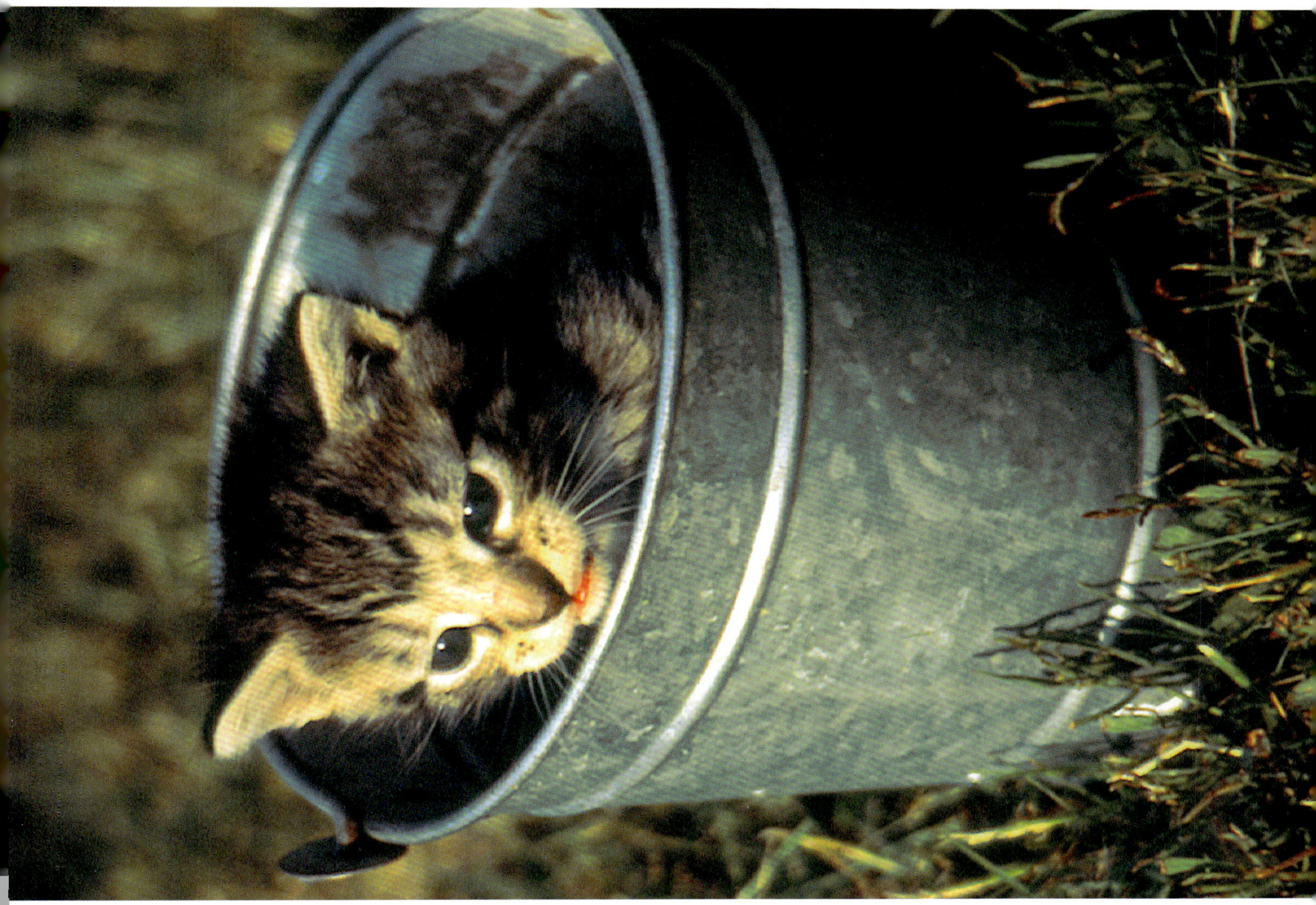

	A	B	C	D	E	F	G	H	I	J	K	L	M
1													
2													
3													
4													
5													
6													
7													
8													
9													
10													
11													
12													
13													
14													
15													
16													
17													
	A	B	C	D	E	F	G	H	I	J	K	L	M

N	O	P	Q	R	S	T	U	V	W	X	Y	Z	
													1
													2
													3
													4
													5
													6
													7
													8
													9
													10
													11
													12
													13
													14
													15
													16
													17
N	O	P	Q	R	S	T	U	V	W	X	Y	Z	

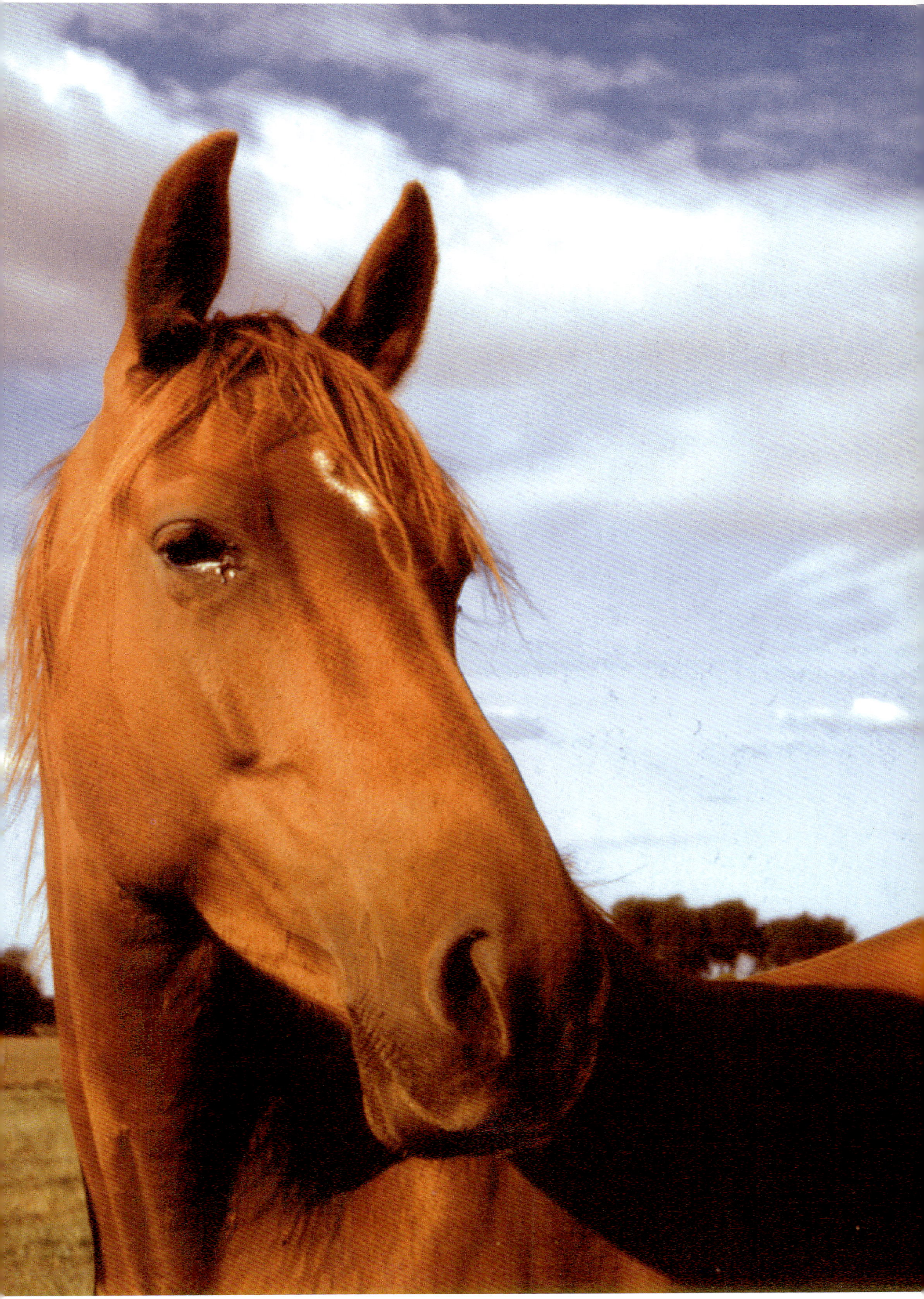

Saurier

Delfin

Benötigtes Material

Aquarellblock A4 oder 24x30 cm
Aquarellminenstifte in den Farben: blau, grau, hellgrau
blaue Aquarellfarbe
Deckweiß aus dem Schulmalkasten
runder Synthetik-Pinsel, 4er oder 8er
runder Synthetik-Pinsel, 12er oder 16er
Radiergummi
Kreppklebeband

Beim Delfinbild geht es darum, deckende Wasserfarben und transparente Farben einzusetzen. Diese unterschiedlichen Eigenschaften lassen sich in einem Bild vereinen. Das fertige Bild ist hier die Vorlage zum Malen. So können wir dir zeigen, wie du zu diesem Ergebnis kommst. Die Delfinzeichnung findest du auf dem Vorlagenbogen.

Delfin

Zum Durchzeichnen wird ein spitzer Stift mit einer anderen Farbe als die der Zeichnung genommen. So hast du immer eine gute Kontrolle über die schon durchgepausten Linien. Prüfe, bevor du den Vorlagebogen entfernst, ob du alles kopiert hast. Du schaust erst einmal unter den Vorlagenbogen und entfernst ihn, wenn du mit dem Ergebnis zufrieden bist. Du bekommst sonst den Vorlagebogen nicht wieder in die richtige Position.

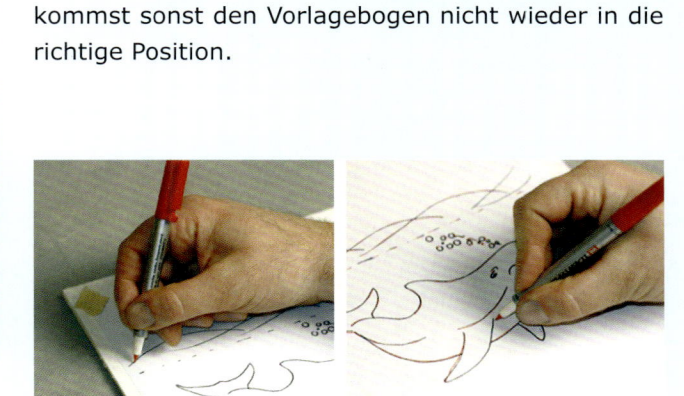

Die Rückseite dieser Vorlage wird mit einem Aquarellstift in blau gefärbt. Nimm dafür die blaue Farbe mit der unser Delfin später ausgemalt wird.

So sollte dein Ergebnis etwa aussehen.

Die Vorlage legst du auf einen Block mit Aquarellpapier. Die gefärbte Seite zeigt nach unten.

Mit Kreppklebeband werden die Ecken befestigt, damit dir die Vorlage beim Durchzeichnen nicht verrutscht.

Mit blauer Aquarellfarbe malst du leicht schräge blaue Streifen auf das Papier. Alle Pinselarbeiten für dieses Bild lassen sich mit einem runden spitzen Synthetikpinsel malen.

ARTIST GUIDE — Delfin

Den Delfin malst du mit Aquarellminenstiften in Grau aus.

Die Striche des Aquarellminenstiftes lassen sich mit einem feuchten Pinsel lebendig gestalten. So entsteht ein Farbauftrag, der einmal hell und auch mal dunkel ist.

Mit einem Hauch blauer Aquarellfarbe erzeugst du den Eindruck, der Delfin schwämme im Wasser. Dazu muss der Delfin trocken sein und der Pinsel darf nur etwas feucht sein. Du würdest sonst das schon Gemalte wieder anlösen. Nachdem der Delfin getrocknet ist, malst du mit Deckweiß helle Streifen auf den Rücken des Delfins. Diese weißen Streifen lassen es aussehen, als würde der Delfin von oben beleuchtet.

Die Augen und das Maul werden mit einem dünnen Filzstift eingezeichnet. Es gibt Filzstifte mit einer Pinselspitze, mit dem sich unterschiedlich dicke Striche zeichnen lassen.

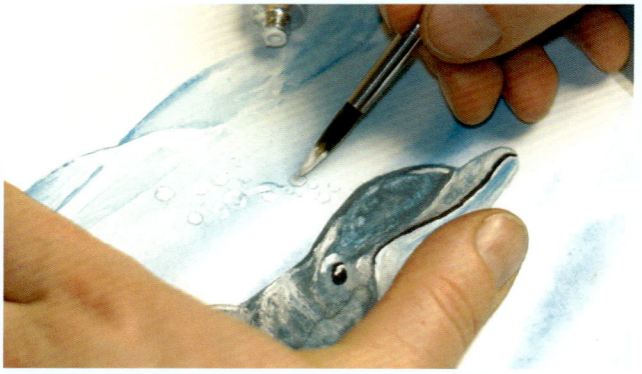

Die aufsteigenden Wasserblasen mit dem Deckweiß aus dem Schulmalkasten aufpinseln.

Um die Lichtstrahlen zu erzeugen, legst du einen Bogen Papier auf dein Bild. Dieses Papier dient dir als Radierschablone. Nun an den Kanten des Papiers entlang radieren.

Delfin

Die Aquarellfarben müssen dafür schon trocken sein. Drehe die Radierschablone immer etwas weiter, um diesen Strahleneffekt zu erzeugen.

Das fertige Bild wird von dem Aquarellblock gelöst. Eine Ecke des Blocks ist nicht geleimt. Hier kannst du mit einem nicht zu scharfen Messer oder einem Falzbein das Papier lösen.

ARTIST GUIDE — Pferd

Benötigtes Material

*2 Zeichenkartons, 190 gr. DIN A4
Bleistifte: Stärke 8B, 4B, HB, 2H
Graphitblock • Estompe • Radierstift • Tuch*

Um das Pferd zu zeichnen, wenden wir jetzt das Peilverfahren an. Hierfür solltest du, wie schon beschrieben, markante Punkte von der Vorlage auf das Zeichenpapier übertragen. Wenn du dir das Foto des Pferdes genau anschaust, wirst du Punkte entdecken die du als Messpunkte nutzen kannst. Du solltest dich für einen Punkt entscheiden, an dem du deine Messungen beginnen möchtest.

Die Zeichnung beginnen wir mit dem linken Ohr. Auf dem Foto wird der erste Punkt von der Oberkante aus gemessen. Du legst die Spitze des Stiftes an den gewünschten Punkt. Mit Daumen und Zeigefinger greifst du, an der linken Fotokante, den Stift. Du hältst ihn fest und legst ihn auf das Zeichenpapier. Deine Finger liegen jetzt an der linke Kante des Zeichenpapiers an. Mit einem zweiten Stift wird der Punkt an der Spitze des Messstiftes markiert.

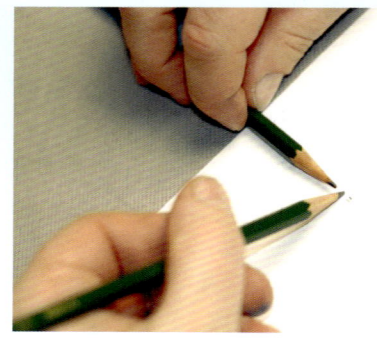

Pferd

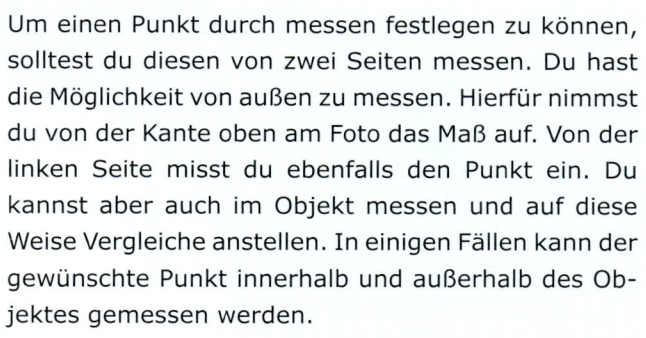

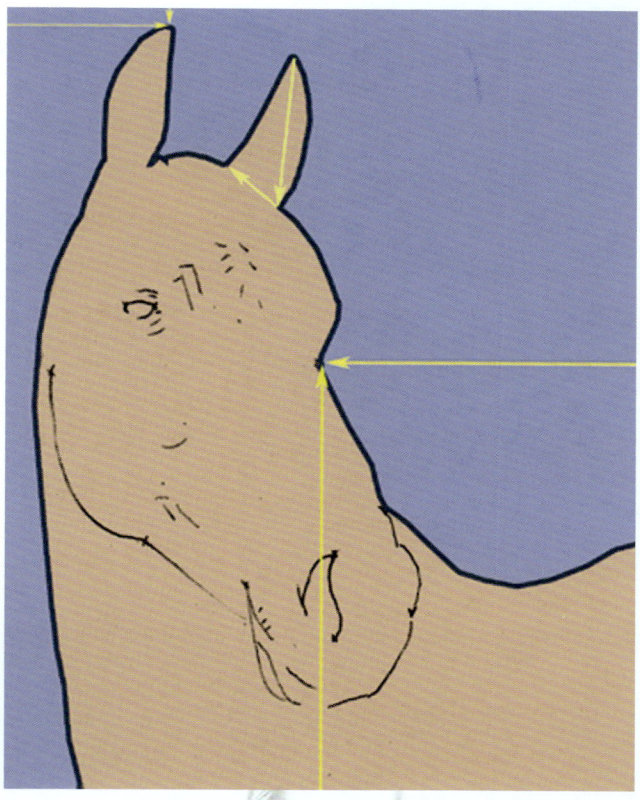

Um einen Punkt durch messen festlegen zu können, solltest du diesen von zwei Seiten messen. Du hast die Möglichkeit von außen zu messen. Hierfür nimmst du von der Kante oben am Foto das Maß auf. Von der linken Seite misst du ebenfalls den Punkt ein. Du kannst aber auch im Objekt messen und auf diese Weise Vergleiche anstellen. In einigen Fällen kann der gewünschte Punkt innerhalb und außerhalb des Objektes gemessen werden.

Um die Position des Punktes exakt bestimmen zu können, sollte noch eine zweite Messung vorgenommen werden. Wie zuvor wird erst auf dem Foto gemessen. Dieses Mal aber von der Kante oben. Du legst den Messungsstift auf den schon zuvor gewählten Punkt. An der oberen Fotokante greifst du den Stift. Wieder den Stift in dieser Position festhalten, um ihn auf das Zeichenpapier zu legen. An der Spitze des Messungsstiftes wird markiert. Am Kreuzpunkt beider Messungen liegt der endgültig zu markierende Punkt.

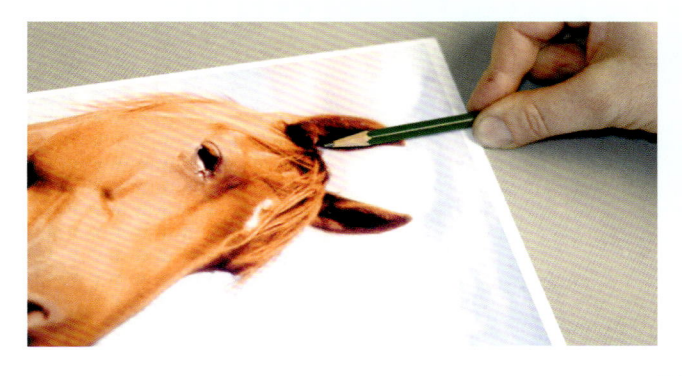

Pferd

Die Spitze des Ohres soll der nächste Messpunkt sein. Wieder wird zunächst von der Oberkante des Fotos gemessen. Das Messergebnis wird auf das Zeichenpapier übertragen und eingezeichnet.

Es wird von der Seitenkante des Fotos gemessen. Du legst den Messstift so auf dem Zeichenpapier auf, dass du mit dem zweiten Stift markieren kannst. Wo sich die Messungen kreuzen, ist der zweite Messpunkt.

Du hast jetzt zwei Punkte, die du mit einer Linie verbinden kannst. Betrachte hierfür das Foto genau, die Linie ist geschwungen. Präge dir diese Form ein. Auf dem Zeichenpapier trägst du diese geschwungene Linie zwischen den Punkten ein.

Für den nächsten Strich hast du es leichter, da du bereits einen Messpunkt hast. Du brauchst nur noch den nächsten Punkt von zwei Seiten messen und du kannst wieder zeichnen.

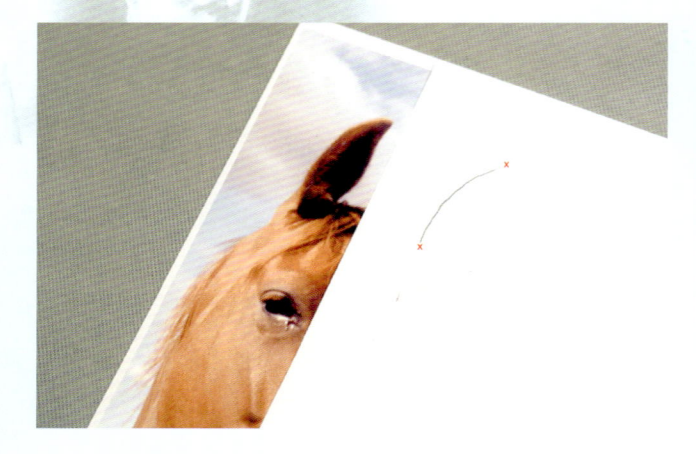

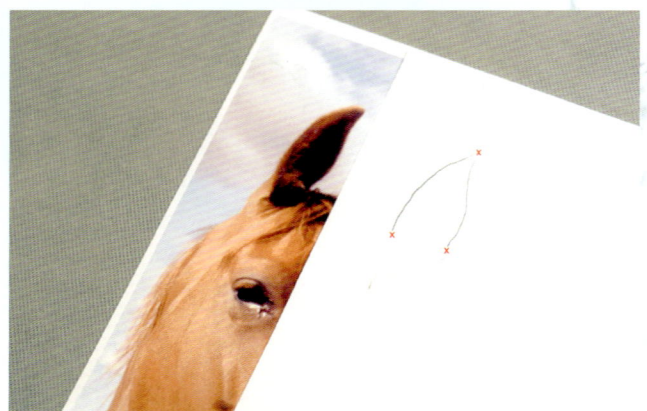

Pferd

Wenn du so erst einen Anfang gefunden hast, kommst du sicher zügig voran. Die Umrisse und Konturen stimmen, da die Größenverhältnisse durch das Messen kontrolliert werden. Wenn du soweit gekommen bist, ist das Ausmalen der Flächen leicht. Wir haben uns für dich etwas einfallen lassen, wie du zu verblüffenden Ergebnissen kommst. Lass dich überraschen.

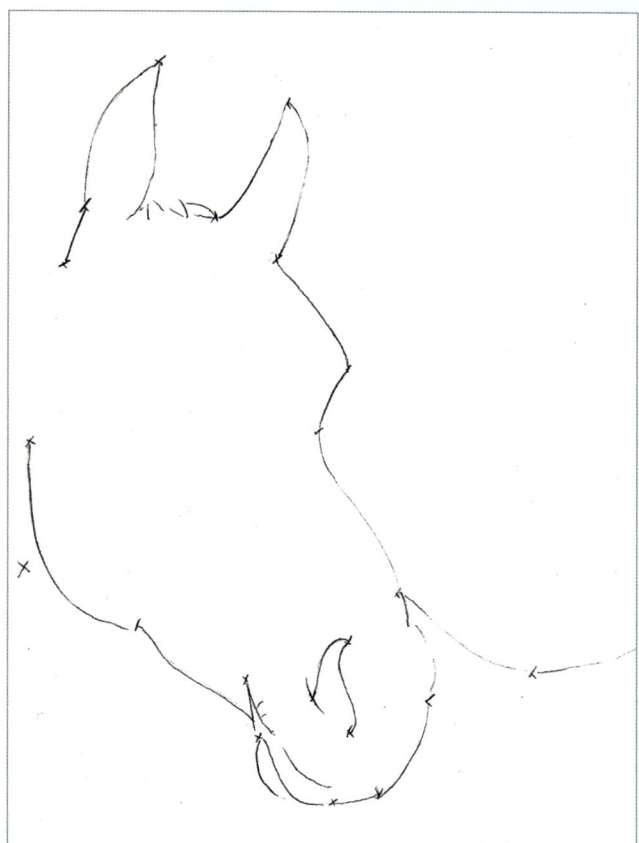

Pferd

Einen dem Foto entsprechenden Grauwert kannst du mit der Grauskala auf deiner Zeichnung kontrollieren.

Du siehst somit genau, ob du deine Zeichnung heller oder dunkler gestalten solltest.

Lege mit einem 4B Bleistift die ersten Schattenflächen an. Mit einer Kreuzschraffur versuchst du, die Form der Oberfläche anzudeuten. Runde geschwungene Linien bringen hier die Wirkung.

Mit einer Grauskala (siehe auch S. 22) vergleichst du die Färbung der Schattenflächen auf dem Foto.

Damit die Schattenflächen ihre weichen Übergänge bekommen, nimmst du einen Papierwischer (Estompe) zum Verreiben der Bleistiftstriche. Diese werden dadurch flächiger.

Pferd — ARTISTGUIDE

Wenn du nicht nur die bereits aufgetragenen Farben verreiben möchtest, wird der Papierwischer mit einem Grafitblock gefärbt. Auf diese Weise malt auch der farblose Papierwischer.

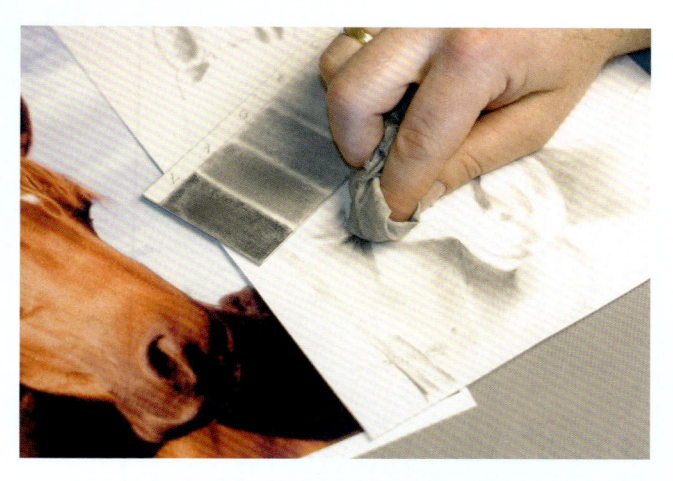

Mit einem Tüchlein (Leinen, Seide) lassen sich Färbungen des Bleistiftes großflächig verteilen.

Die Schattierungen der Konturen mit Hilfe einer losen Schablone anlegen.

Diese ist nichts anderes als ein Stück Papier, welches auf die Zeichnung gelegt, Teile hiervon abdeckt, damit die nicht abgedeckten Teile bearbeitet werden können. Die Ecken der Schablone werden weggerissen. Bitte nicht schneiden, es sollen sich durch das Reißen Fransen bilden. Ein Eckenpaar so rupfen, dass eine Wölbung nach außen entsteht. Das andere Paar mit einer Innenwölbung versehen.

Allmählich werden die Schattenflächen größer. Die Grauwerte stimmen, da diese mit der Grauskala verglichen wurden. Durch das Verreiben mit dem Papierwischer und dem Tüchlein sind weiche Farbverläufe entstanden.

ARTISTGUIDE — Pferd

Die lose Schablone wird auf das Foto gelegt, um bei den Abrisskanten die Form zu finden, die zu der Schattierung passt.

So wird die Schablone nicht nur zur Abdeckung verwendet, sondern gleichzeitig als Kurvenmessinstrument eingesetzt. Durch das Vergleichen der Formen mit Hilfe der Schablone wird das Ergebnis recht genau.

Erst betrachten, dann zeichnen.

Wichtig!

Bei den folgenden Arbeitsschritten immer wieder den Papierwischer auf dem Grafitblock färben.

Die Schablone wird mit dem eben ausgewählten Bildteil auf das Zeichenpapier gelegt und mit dem Papierwischer wird der Ausschnitt gefärbt. Dies wird mit allen markanten Konturen wiederholt.

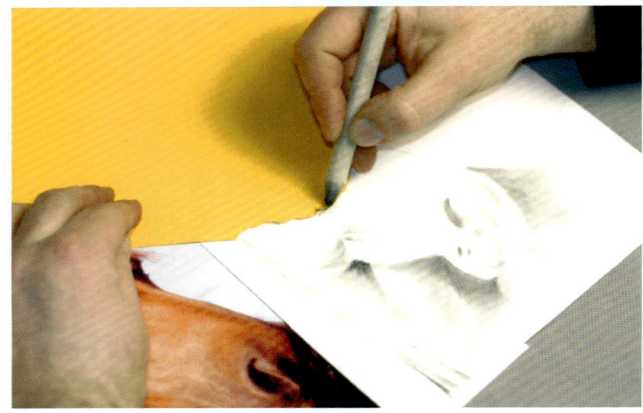

Pferd

Die geraden Kanten der Schablone lassen sich ebenfalls einsetzen. Wenn du diese oberhalb der zu färbenden Fläche anlegst, wird nach unten hin mit dem Zeichenwerkzeug gefärbt.

Wenn du die gerade Kante der Schablone unter die zu färbende Fläche legst, wird nach oben hin gefärbt.

Das Ergebnis der Arbeit mit geraden Kanten.

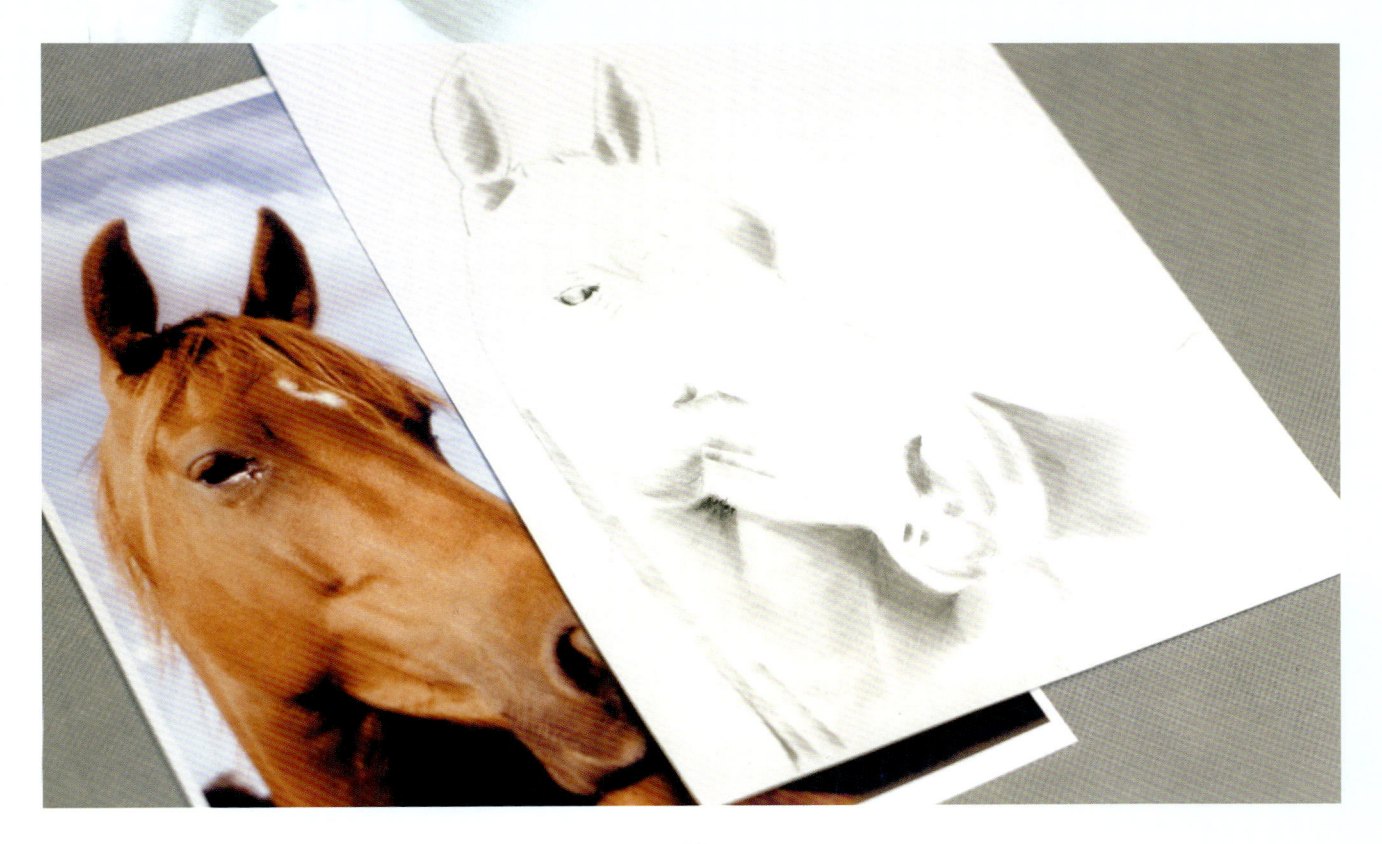

Pferd

Am Pferdemaul wird die Schablone eingesetzt, um die Falten zu zeichnen. Hier wird gefärbt, die Schablone gedreht und etwas weiter gezogen und wieder gefärbt.

Vergleiche immer wieder anhand des Fotos, ob der gewünschte Effekt entsteht.

Um jetzt die Mähne zeichnen zu können, solltest du die Stirn und den Nacken färben, also erst die Untergrundfarbe erzeugen, dann die weiteren Effekte aufbringen.

Die Schablone wird nun mit einer Schere zu einer Kurvenschablone umgestaltet.

Auf dem Vorlagenbogen findest du die Schablonenvorlage zum Abpausen und Nachschneiden.

Pferd

Du solltest erst die Schablone der zu zeichnenden Haarsträhne anpassen. Ist die Haarsträhne heller als der Untergrund, wird diese mit dem Radierstift ausradiert. Es sieht viel reizvoller aus, wenn jede Haarsträhne ihre eigene Färbung bekommt. Dazu gehören auch helle Haare. Benutze verschieden starke Radiererspitzen.

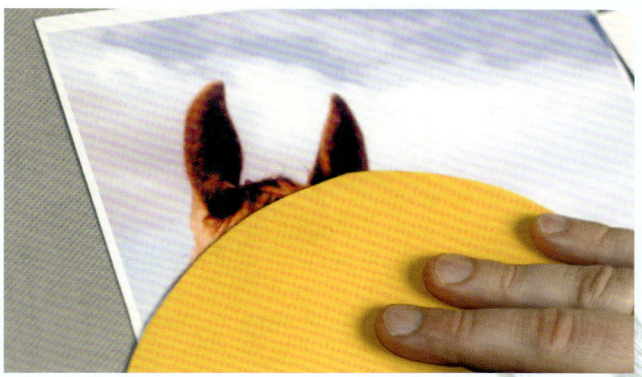

So wie angepasst die Schablone auf das Zeichenpapier legen, um dann mit dem Radierstift zu arbeiten.

Es gibt natürlich auch dunkle Haare. Du legst die Schablone auf das Foto, um die Form anzupassen.

Jetzt nimmst du den Papierwischer, den du entsprechend eingefärbt hast und schiebst diesen an der Schablone entlang. So zeichnest du die dunklen Haarsträhnen.

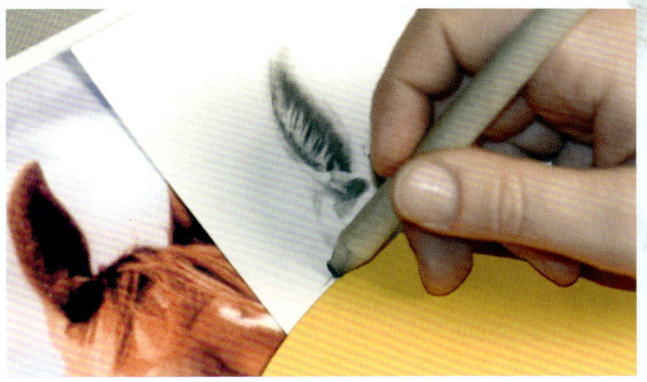

45

ARTIST GUIDE — Pferd

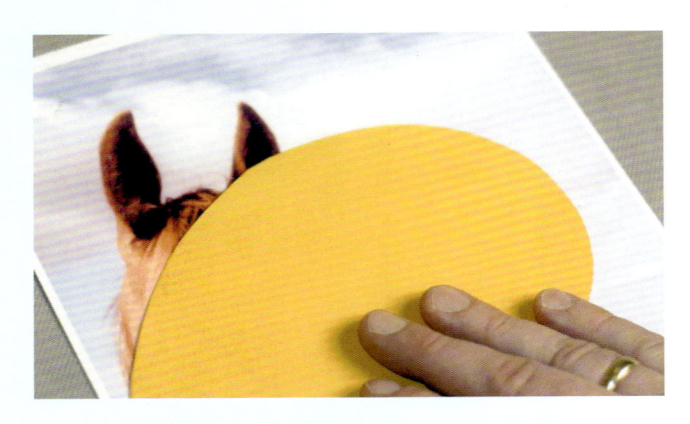

Immer wieder passt du die Schablone auf dem Foto einer Haarsträne an. Der Papierwischer ist entsprechend auf dem Grafitblock gefärbt und ermöglicht dir unterschiedlich dunkle Haare.

Achte darauf, dass die Haare nicht nur wie gekämmt nebeneinander liegen.

Sie kreuzen sich (Überschneidung). Betrachte genau, welche darunter und welche darüber liegen. Versuche auch mal den Radierstift freihändig einzusetzen. Nehme so kleinere Korrekturen vor. Radiere auch einzelne Haare aus. Achte genau auf Überschneidungen. An diesen Stellen wird der Radierstrich unterbrochen.

Zwischendurch arbeite ruhig immer wieder an anderen Bildteilen. Du kannst dich dann hinterher besser auf die schwierigeren Arbeiten konzentrieren. Manchmal fällt dir so auch ein, wie du ein eben aufgetretenes Problem lösen kannst.

Vergleiche immer wieder dein Ergebnis mit dem Foto.

Pferd

Mit dem Bleistift HB werden nun mit unterschiedlichem Druck einzelne Haare gezeichnet. Schau erst genau auf das Foto und entscheide dann, welches Haar du zeichnen möchtest. Achte auf Überschneidungen. Führe mit dem Bleistift einzelne kleine Korrekturen aus.

Fertig ist dein Pferdebild!

ARTIST GUIDE

Pferd

Hund

Benötigtes Material

Transparentpapier, DIN A4

roter Filzstift

Buntstifte in den Farben:
schwarz, tiefbraun, dunkelbraun, rotbraun, ocker, hellbraun, creme

Radiergummi

Tuch

Kreppklebeband

Wähle dir als Vorlage ein Foto, auf dem dein Tierliebling gut aussieht.

Lege einen Bogen Pauspapier auf das Foto.

Klebe die Ecken des Pauspapiers mit Kreppklebeband fest, damit dir das Pauspapier nicht verrutscht.

Mit einem roten spitzen Stift zeichnest du die Umrisse und die Konturen nach.

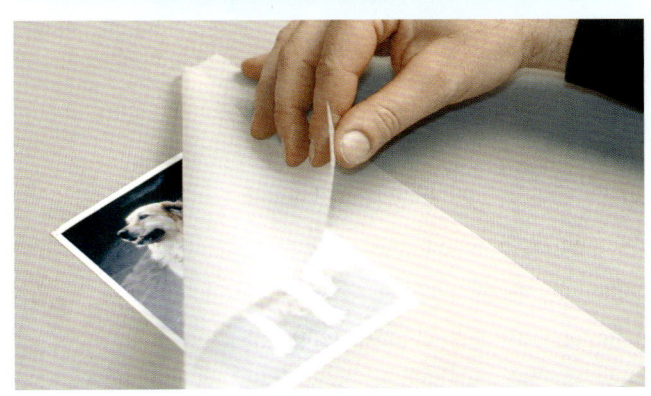

ARTIST GUIDE — Hund

Da die Pause des Fotos für deine Zeichnung zu klein ist, machst du mit Hilfe eines Fotokopiergerätes eine Vergrößerung. Oder du hast vielleicht einen Computer und einen Scanner und machst dir so eine Vergrößerung. Das ist kein Mogeln, sondern eine technische Unterstützung. Was zählt, ist die Erreichung des Ziels.

Die Rückseite des Kopierpapiers wird mit einem braunen Buntstift gefärbt. Da der Hund braun ist, werden die braunen Kopierstriche im fertigen Bild nicht zu erkennen sein.
Lege die Fotokopie mit der eingefärbten Rückseite nach unten auf das Zeichenpapier.

Hund

Klebe mit Kreppklebeband die Ecken fest.

Die Striche der Fotokopie sind schwarz. Also zeichnest du diese mit einem Stift anderer Farbe nach. So hast du eine gute Kontrolle, ob du alles nachgezeichnet hast.

Bevor du das Klebeband entfernst, schau unter die Fotokopie, ob du alles nachgezeichnet hast.

Da das Zeichnen des Fells eine haarige Sache ist, hier ein Tipp: Schneide aus grauer Pappe verschieden große L-Formen aus. Die L-Schenkel sollten ca. 10 cm breit sein. Diesen Winkel nehmen wir als Schablone für die Fenstertechnik.

Fenstertechnik

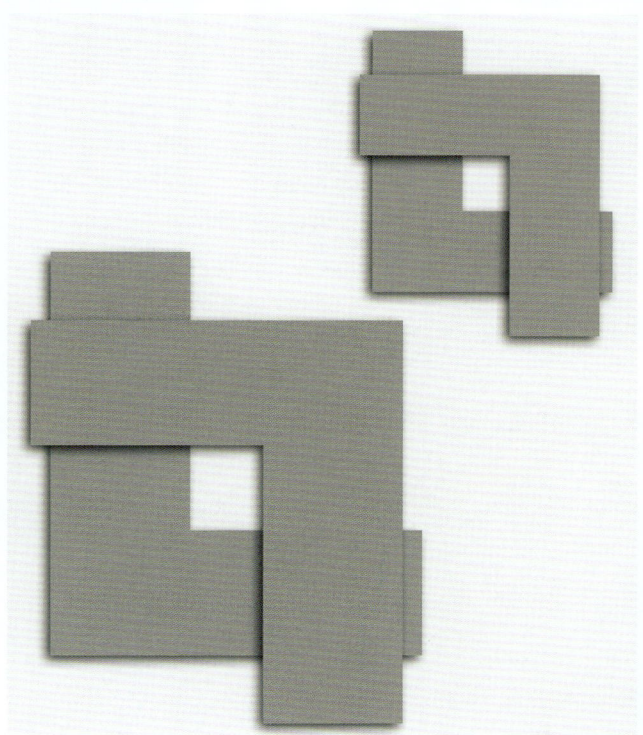

ARTIST GUIDE — Hund

Nun deckst du alles auf dem Foto ab, was du gerade nicht zeichnen möchtest. Lass auf dem Foto nur ein kleines Fenster offen, durch das du die gewünschten Teile sehen kannst. So findest du die zu zeichnende Stelle leichter wieder. Auch wirst du so mehr Details entdecken, die du zeichnen möchtest, da dein Auge nicht abgelenkt wird. Lege auf das Zeichenpapier an die Stelle, die du jetzt bearbeiten möchtest, einen Winkel aus Pappe. So hast du auch auf dem Zeichenpapier das Fenster, das du auf dem Foto siehst.

Wenn du die Hundenase zeichnest, lass auf der Nasespitze etwas vom Weiß des Papiers stehen. Dies deutet den Einfall von Licht an. Die Zähne werden ebenfalls durch Auslassen der Bemalung (Papierweiß) dargestellt.

Das Hundefell wird mit Parallelschraffur gezeichnet. Die Striche sind unterschiedlich stark im Druck.

Hund

Die Haare an der Halskrause sind weiß. Weiße Haare auf weißem Papier kann man eigentlich nicht zeichnen.

Darum brauchst du eine Hintergrundfarbe.

Zeichne den Himmel mit einem hellblauen Buntstift. Das Gras wird mit einem moosgrünen Stift schraffiert. Dies geschieht, ohne den Stift stark auf das Papier zu drücken.

Das Blau des Himmels wird durch Schummern, also mit schräg auf das Papier gelegten Stift, gezeichnet. Der Farbauftrag wird so flächiger und es entstehen kaum Schraffurstriche.

In die graue Fläche arbeitest du einen perspektivischen Effekt ein. Die Schraffur wird nach unten immer weiter. Dies vermittelt den Eindruck von räumlicher Tiefe. Korrekturen sind mit dem Radierstift möglich. Mit dem Radiergummi solltest du die harten Schraffurstriche vorsichtig reduzieren.

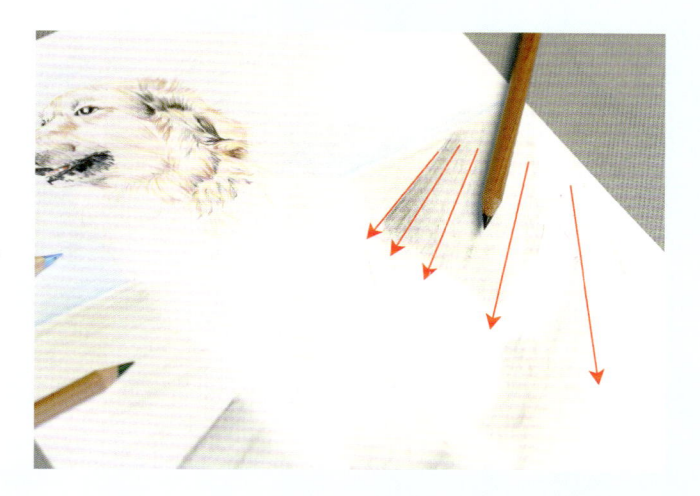

Ein Lappen, mit dem du intensiv über die Hintergrundflächen reibst, wird diese Flächen gleichmäßiger erscheinen lassen. Wenn der Hintergrund soweit fertig ist, kannst du mit dem Fell des Hundes beginnen.

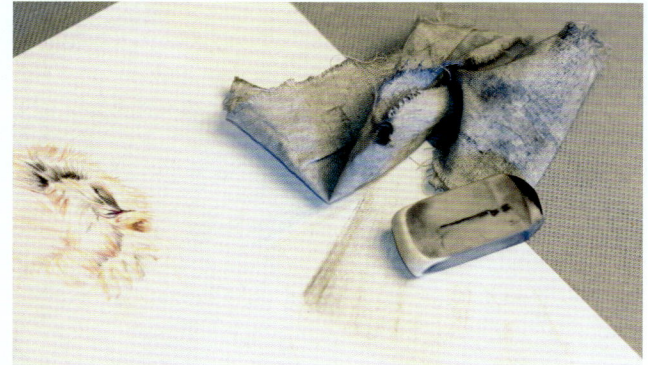

Hund

Das weiße Fell am Hundekragen wird durch Anzeichnen mit hellblau von außen gezeichnet.

Mit dem Radierstift werden die hellen Haare rausradiert.

Für die grauen Haare an den Beinen und am Schwanz zunächst mit einem Papierwischer graue Flächen anlegen. Mit dem Radierstift nun ebenfalls die hellen Haare ausradieren.

Hund

Das Brust- und Körperfell malst du mit orangen, gelben, roten und braunen Stiften. Die weißen Brusthaare werden mit dem zuvor beschriebenen Radiereffekt erzeugt.

ARTIST GUIDE

Katze

Benötigte Materialien

Aquarellpapier DIN A4 oder 24x30 cm
Transparentpapier • Kreppklebeband
Filzstift: rot, blau • Radierstift
Aquarellstifte in den Farben:
dunkelgrau, blaugrün, moosgrün
dunkelbraun, creme, tiefbraun, hellblau
Synthetikpinsel: 4er oder 6er , 12er oder 16er
Buntstifte in den Farben:
weiß, creme, hellblau, ocker, rotbraun
dunkelbraun, tiefbraun, schwarz

Für das Rasterverfahren werden die transparente Rasterfolie und der Rasterbogen benötigt. Den Rasterbogen findest du auf dem Vorlagenbogen. Die Rasterfolie ist ebenfalls dem Buch beigefügt.

Das Foto wird von hinten auf die transparente Rasterfolie geklebt. Auf den Rasterbogen wird ein Bogen Transparentpapier geklebt.
Die Ecken des Transparentpapiers mit Kreppklebeband fixieren.

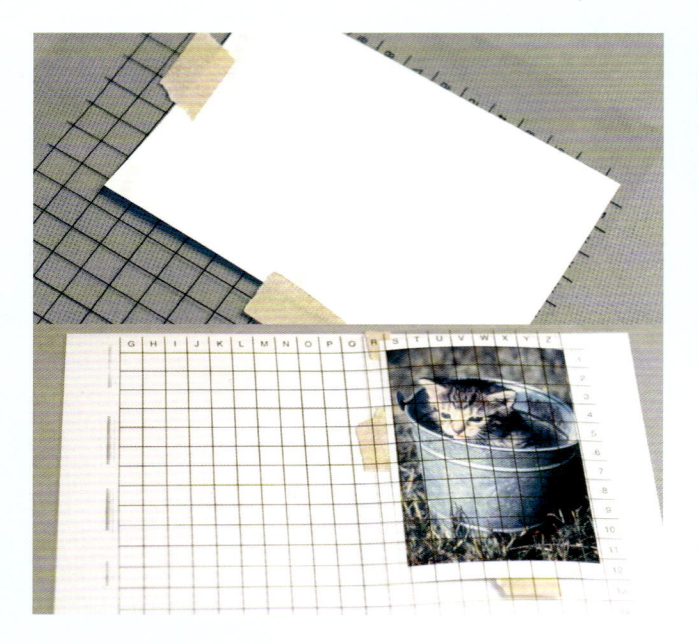

Katze

Du suchst dir auf dem Foto einen Punkt aus, an dem du die Übertragung beginnen möchtest.

Mit Hilfe des transparenten Rasterbogens kannst du das Kästchen des Punktes benennen. Auf dem Rasterbogen suchst du das entsprechende Kästchen. Nun in dieses Kästchen den Punkt einzeichnen. Verfolge nun den Verlauf der Umrisse. Übertrage Kästchen für Kästchen.

Nachdem du mit dem Übertragen fertig bist, das Transparentpapier von dem Rasterbogen lösen. Drehe dann das Transparentpapier um. Nun wird die Katze mit einem braunen Aquarellstift gefärbt. Für den Eimer einen grauen Aquarellstift nehmen. Die Gräser werden mit grün gefärbt.

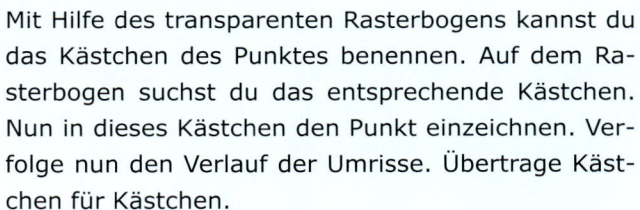

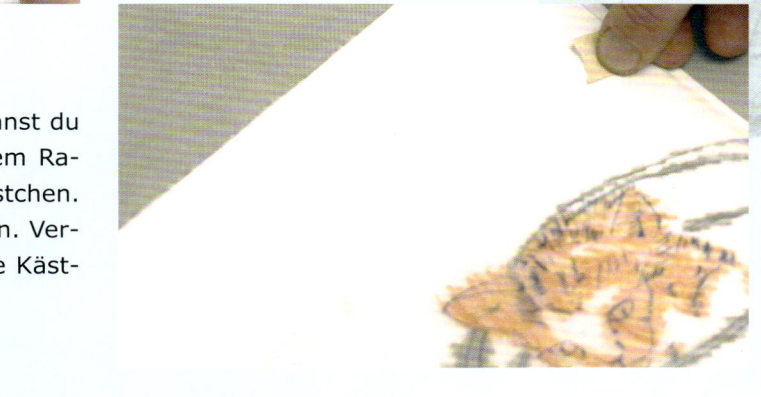

Drehe das Transparentpapier wieder um. Lege es auf einen Aquarellblock. Fixiere dann die Ecken mit Kreppklebeband. Als Nächstes mit einem andersfarbigen Stift nachzeichnen.

ARTIST GUIDE — Katze

So hast du immer eine gute Kontrolle über das, was du nachgezeichnet hast.

Bevor du das Transparentpapier löst, vergewissere dich, ob du alles übertragen hast.

Mit Aquarellstiften nun grobe Schraffuren anlegen.

Mit einem feuchten Pinsel kannst du einen flächigen Farbauftrag erzeugen.

Das tiefe Schwarz an der rechten Eimerkante lässt sich gut mit schwarzer Aquarellfarbe gestalten.

Lass dann die Aquarellfarbe trocknen.

Mit einem feuchten Pinsel das Grün der Gräser anlösen.

Katze

Als Nächstes die Augen als grünen Kreis ausfüllen. Arbeite zur Mitte hin mit dem weißen Stift. So entsteht der Eindruck eines gewölbten Auges.

Mit dem weißen Stift lassen sich auch entsprechende Stellen im Fell aufhellen. Hierbei solltest du auch schon mal kräftig aufdrücken.

Schau dir das Foto genau an. Suche auf dem Eimer die glänzenden Stellen und helle sie im Bild vorsichtig mit dem Radierstift und dem Radiergummi auf.

Mit den Pfeilen deuten wir an, an welchen Stellen du radieren solltest.

Fell ist mit Aquarellstiften schwer zu malen. Mit Buntstiften lassen sich durch Striche die Haare leichter zeichnen.

Katze

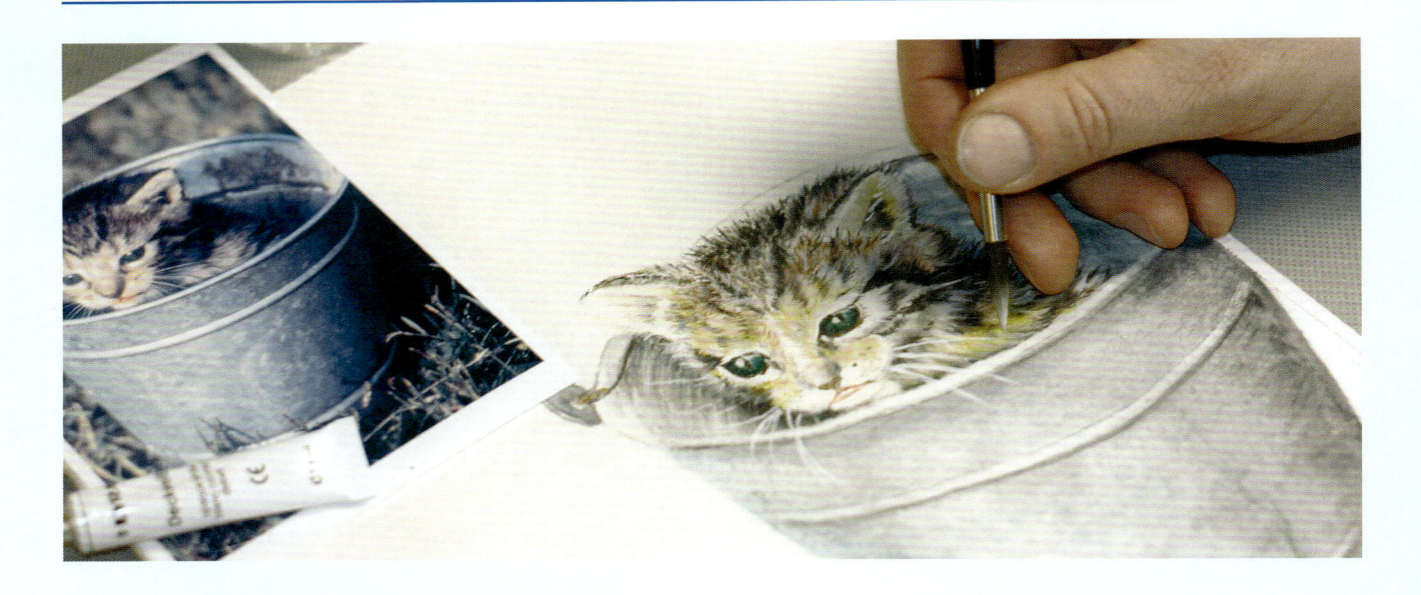

Um das Gemalte zu kontrollieren, kannst du die Vorlage und das Bild auf den Kopf drehen. Du bekommst so einen neuen Eindruck des ganzen Bildes. Auf diese Weise wirst du erkennen, wo du leichte Korrekturen vornehmen solltest.

Die Schnurrhaare der Katze mit einem spitzen rundem Synthetikhaarpinsel der Stärke 4 oder 6 malen. Als Farbe das Deckweiß aus deinem Schulmalkastens verwenden.

Alles richtig gemacht?

Dann sollte dein fertiges Bild etwa so aussehen.